Tapestry of the Sun
An Anthology of Ecuadorian Poetry

Tapestry of the Sun
An Anthology of Ecuadorian Poetry

Edited and Translated by Alexis Levitin and Fernando Iturburu

COIMBRAEDITIONS

ISBN: 978-0-9801531-8-7

Cover art: Hernán Zúñiga
Cover design: Stelli Munnis
Book layout: Cherie Poland

Published in the United States by Coimbra Editions,
San Francisco, California

California Institute of Arts and Letters
www.calartsandletters.org

DEDICATION

to Fabiola and Fabia

to Michael and Christine

and with immense gratitude
to Susana Cepeda de Ferrín

ACKNOWLEDGEMENTS

We would like to thank the editors of the following magazines in which many of these poems have previously appeared:

Afro-Hispanic Review	*Left Curve*
Another Chicago Magazine	*The Literary Review*
Asheville Poetry Review	*Onthebus*
Bitter Oleander	*Per Contra (on-line)*
Boulevard	*Pusteblume*
Cimarron Review	*Rhino*
Controlled Burn	*Spoon River Poetry Review*
Dirty Goat	*Walt Whitman Quarterly Review*
Evansville Review	*World Literature Today*
Great River Review	*Zoland Poetry*
Home Planet News	

In addition to the editors of the magazines listed above that have presented many of these poems to an American readership for the first time, we would like to thank the State University of New York at Plattsburgh for its helpful assistance. We would also like to give thanks to the various Ecuadorian poets with whom we worked. But most of all, we wish to express our deep gratitude to Susana Cepeda de Ferrín, the director of CEN and *Hogar*'s Woman of the Year for 2007, for her unwavering encouragement and support. She and the Centro Ecuatoriano Norteamericano de Guayaquil, an NGO established in 1951 to foster the diffusion of culture from Ecuador and the United States and to increase mutual intellectual and artistic recognition between those countries, provided a true home for our research and collaborative efforts during visits to Guayaquil in 2007 and 2008.

Fernando Iturburu
Alexis Levitin

TABLE OF CONTENTS

An Introduction to Ecuadorian Poetry 1
Fernando Cazón (1931)
   Revelaciones de un soldado muerto / Revelations of a Dead Soldier.. 6
   Carta de un fusilado / Letter from the Victim of a Firing Squad 10
   El viejo círculo / The Ancient Circle 16
   Parábola del hijo de Dios / Parable of the Son of God 20
   El inexistente / The Inexistent One 22
   Alternativas / Alternatives 24
   El afortunado / The Fortunate One 26
   Parábola del resucitado / Parable of the Resurrected 28

Carlos E. Jaramillo (1932)
   Blues de la calle Loja / Loja Street Blues 32
   Perdí Granada / And I Had Lost Granada 36
   Credo / Credo 40
   La primera piedra / The First Stone 42
   Negaciones de Pedro / Peter's Denials 44
   Adiós Naranja Mecánica / Goodbye Clockwork Orange 46

David Ledesma (1934-1961)
   Matemáticas / Mathematics 50
   Isla de infancia / Childhood Island 52
   Conocimiento de la muerte / Knowledge of Death 54
   Balada del transeúnte / Ballad of the Passer-by 56
   Extraño / Stranger 58
   Lugar de angustia / Place of Anguish 60
   Elegía / Elegy 62
   Canción para quién sabe dónde / Song of Who Knows Where 64
   Rapsodia melancólica / Melancholic Rhapsody 66
   Parábola / Parable 68

Hipolito Alvarado (1934)
   esperadura (cuentopoema en voz alta) /
      longhardwait (storypoem to be read aloud) 72
   un primero de mayo de reojo al paso (cuentopoema) /
      a passing glimpse of the first of may (storypoem) 78
   a la buena de dios por estas calles (cuentopoema) /
      just wandering those streets (storypoems) 82

Agustin Vulgarín (1938-1986)

Carro de fuego / Chariot of Fire 90

La bella creación / Beautiful Creation 92

La reconvención / Accusation 94

Otra vez la presencia / Presence, Again 96

El amor como legado / The Legacy of Love 98

La tradición perdida / The Lost Tradition 100

Mamá maravillosa / Wonderful Mother 102

Antonio Preciado (1941)

Este hombre, su fusil y su paloma / This Man, His Rifle
and His Dove 106

Poema que no debe ser escrito por un poeta de la luna /
Poem that Shouldn't Be Written by a Poet of the Moon 108

Lanza / Spear 110

Historia / History 112

Dádiva / Gift 114

Mariposa negra / Black Butterfly 116

Fundo un mar en el Chota / I Found a Sea in the Chota Valley 118

Espantapájaros / Scarecrows 120

Poema para mi madre que debe ser leído junto al fuego /
A Poem for My Mother that Should Be Read Next to the Fire 122

Abrazo / Embrace 124

Sonia Manzano (1947)

Cadáveres de flores / Corpses of Flowers 128

De Corza de agua / From Doe Beside the Water 132

Voy a sepultar a la insepulta / I Am Going to Bury
the Unburied One 136

Breves apuntes sobre el amor / Brief Remarks on Love (I–IV) 138

Palabra de mujer / A Woman's Word 142

Fernando Nieto (1947)

Nuevos silencios (Fragmentos) / New Silences (Fragments) 146

Hernán Zúñiga (1948)
"Luchar toda la vida para ser imprescindible" /
"Fighting Lifelong to be Essential" 154
Dice mucho / It Says a Lot 156
Liturgias y fagias del art poétique / Liturgies and Feasts
of the Poetic Art 158
Hay un almendro / There's an Almond Tree 160
Ecce hommo / Ecce Homo 162
El cernicero de Milwaukee / The Butcher of Milwaukee 164
Bestiario / Bestiary 166
Amores paralelos / Parallel Loves 168
Montañita / Montañita 170

Maritza Cino (1957)
de Juego de sombras / from Play of Shadows (I–IX) 174

Eduardo Morán (1957)
El hambre está haciendo sonar sus bártulos en la oscuridad /
Hunger is Rattling Its Possessions in the Dark 184
Búfalos / Buffaloes 188
Mujer sola / Lonely Woman 190
Una primavera de ochenta años / An Eighty Year Old Spring 192

Roy Sigüenza (1958)
Escondites / Hideouts 196
En el hotel / In the Hotel 198
La cal del adiós / The Quicklime of Farewell 200
Pedido de mano / Asking for Your Hand 202
En el autobús / On the Bus 204
Melancholy Bar / Melancholy Bar 206
Pista de baile / Dance Floor 208
Trapiche / The Mill 210
Caballos / Horses 212
La misión / The Mission 214

Fernando Balseca (1959)
Iniciación de la serie perdida / Initiation of the
Forbidden Series 218
Suceso sin nombre / Nameless Event 220
Ni se le ve el comienzo ni el fin se le vislumbra /
One Can Neither See the Beginning Nor Discern the End 222
La cosecha del hombre en este hogar de paso / Man's Harvest
in a Home of Passage 224

Edwin Madrid (1961)
Acepto mi muerte / I Accept My Death 230
Delicias de la noche / Delights of the Night 232
Las palabras / Words 234
Peligroso como la muerte / As Dangerous as Death 236
Historia / Story 238
Así está escrito / Thus Is It Written 240
No existen otros caminos / There Are No Other Roads 242

Siomara España (1976)
Botones / Buttons 248
Cenizas / Ashes 250
La mujer del miércoles / Wednesday's Woman 252
de El regreso de Lolita I–II / from The Return of Lolita I–II 254
Para llorar / Mourning 258
Tres poemas sin título / Three Untitled Poems 260
La Casa Vacía / The Empty House 262

Augusto Rodríguez (1979)
Señor forastero / Mr. Foreigner 268
Amor vampirezco / Vampiresque Love 270
Cuando regreso a mi hogar / When I Come Home 272
Te escribiré un grafitti / I'll Write You Some Graffiti 274
Alguien grita en la noche / Someone Cries Out in the Night 276
Ser de carne y hueso / Flesh and Bone 278
Fin de año / New Year's Eve 280
En el Aeropuerto de Barajas / Barajas Airport 282
Mi padre / My Father 284

Ana Minga (1983)

Perros de Tabaco—I / Tobacco Dogs—I 290

Perros de Tabaco—III / Tobacco Dogs—III 292

Perros de Tabaco—IV / Tobacco Dogs—IV 294

Perros de Tabaco—VI / Tobacco Dogs—VI 296

Te he sacrificado / I Have Sacrificed You 298

Yo no escribo porque otros escribieron antes / I Don't Write
   Because Others Wrote Before 300

Pandemonium D / Pandemonium D 304

Pandemonium E / Pandemonium E 306

Carolina Patiño (1987-2007)

El buen comienzo / The Good Beginning 310

La Elisabet de la Biblia / Elizabeth in the Bible 312

El secreto / The Secret 314

Muñeca de porcelana / Porcelain Doll 316

No más sangre / No More Blood 318

El raticida que no funcionó / Rat Poison that Didn't Work 320

Tratando de huir / Trying to Flee 322

Psiquiatra / Psychiatrist 324

Locura / Madness 326

Adiós / Good-bye 328

An Introduction to Ecuadorian Poetry

This is an anthology of some of the most important and diverse poets of Ecuador. Most of these voices come from the rich and largely ignored culture of Guayaquil, the country's largest city. The texts chosen reflect varied personal views shaped by global and national events, as well as inevitable literary influences from Europe and the United States. Focusing on poetry of the last half century, our selection tries to present a wide range of styles, voices, themes, and gender issues.

Carlos E. Jaramillo, David Ledesma, and Fernando Cazón belong to the so-called Generación Madrugada (Generation of the Dawn) and Generación Huracanada (The Wrecked Generation) of the late fifties and the sixties. The poets of these groups were united in revolt against governmental violence, repression and established social injustice, both domestic and worldwide. During the seventies, the decade of the last Ecuadorian military dictatorship, Agustín Vulgarín, Antonio Preciado, Sonia Manzano, Fernando Nieto, Hernán Zúñiga (best known as a painter), and Hipólito Alvarado were actively involved in developing and experimenting with new forms of poetry. The voice of the poor, represented through the use of urban colloquial language, principally that of Guayaquil, was a special concern of the group Sicoseo, with Fernando Nieto as its mentor and leading adherent. The poetry of Fernando Balseca (also a member of Sicoseo), Maritza Cino, Eduardo Morán, Roy Sigüenza, and Edwin Madrid belongs to the eighties. These poets were highly influenced by their Ecuadorian predecessors, but also by new events of their times: the return of democracy to Ecuador, the end of national and international communist aspirations, and the impact of post-modern culture. The last selected poets, whose work has only appeared in recent years, are Ana Minga, Augusto Rodríguez, Carolina Patiño, and Siomara España. They have been actively involved in public literary events and exchanges with poets from other countries, and are among the most innovative voices of their groups (Buseta de papel, Reverso), making extensive use of blog-writing and integration of poetry with the visual arts.

This anthology is a first attempt to make Ecuadorian poets of recent times available to the American public. Our goal is to stimulate interest in Ecuadorian literature and culture, while suggesting the need for further and more inclusive translations of work from this rich culture that has remained, until now, almost invisible to the non-Hispanic reader.

This book, which we consider a point of departure, started in a classroom setting. The intricacies exposed by the process of translating these poems were indicative of the complexities of moving from one culture to another, from the past to the present, from one linguistic register to another. Students began with an unsophisticated sense of the task before them. They tended to assume that the denotative value of a word was sufficient, even for the translation of poetry. They tended to accept the dictionary as their final authority. They often were unaware how cultural contexts contribute to the tone and the feel of poetic language. But together we all learned. And we must thank all the participants for their enthusiasm and perseverance: our colleague Carolina Ibañez-Murphy and our students Viviana Gómez, Jana Fitzpatrick, Kristine Gagnier, Perliter Walter, Melissa Luciano, Melissa García, Kathryn Fish, María Elena Rafalko, Bebbete López, Ashley Cousens, Brandon Cruz, Joselyn Rivera, Joshua Nolin, Christina Palmieri, Lourdes Santos, and Jennifer Pettis.

To bring this book to its final form, we first reworked all the earlier translations in Plattsburgh. Then we went to Ecuador to revise our work with as many of the original poets as possible. Under the auspices of CEN (Centro Ecuatoriano Norteamericano de Guayaquil), we re-examined our efforts with Fernando Cazón, Carlos E. Jaramillo, Hipolito Alvarado, Sonia Manzano, Hernán Zúñiga, Maritza Cino, Eduardo Moran, Fernando Balseca, and Augusto Rodríguez. Alexis then went to Quito to collaborate with Edwin Madrid on revisions of his poems. The following year, again supported by CEN, Alexis returned to work with two additional young poets, Siomara España and Ana Minga.

Translations of the poetry of the collection's youngest contributor, Carolina Patiño, who had committed suicide the year before, were carefully revised with her fellow poet and founder of Buseta de papel, Augusto Rodríguez. Then the entire text was given a final revision by the two of us in Plattsburgh.

Both of us are dedicated to making the rich diversity of Ecuadorian poetry better known to English language readers. We are intending to follow this volume with other collections focusing mainly on younger contemporary poets. We hope that this book is but a first step towards a growing literary and cultural collaboration between our two countries.

Fernando Iturburu
Alexis Levitin
Guayaquil, Ecuador
Plattsburgh, New York
Spring, 2009

FERNANDO CAZÓN (Quito, 1931)
Fernando Cazón probably represents the widest range in style, verse forms, and subject matter of his generation. Clearly marked by the international conflicts and social developments of his time, such as the Vietnam War, the student rebellions of 1968, the various repercussions of the Cold War, and the growth of leftist resistance in Latin America, Cazón's poetry always reveals his strong sympathy for the disenfranchised and the poor. Also a leading cultural journalist, Fernando Cazón currently works for the *Expreso* of Guayaquil.

BIBLIOGRAPHY
Las canciones salvadas (Quito, 1957), *El enviado* (1958), *La guitarra rota* (Guayaquil, 1967), *La misa* (Guayaquil, 1967), *El extraño* (Guayaquil, 1968), *Poemas comprometidos* (Guayaquil, 1972), *El hijo pródigo* (Guayaquil, 1977), *El libro de las paradojas* (Quito, 1977), *Rompecabezas* (Cuenca, 1986), *Cuando el río suena -copas, coplas y canciones-* (Guayaquil, 1996), *Este pequeño mundo* (Guayaquil, 1996), *Poesía junta* (Quito, 2005), *La sombra degollada* (Guayaquil, 2006).

REVELACIONES DE UN SOLDADO MUERTO

A mí ya no me creen
pero vosotros no estáis tristes
y tenéis todavía las manos inocentes.
Sí, es cierto, he muerto para todos
incluso para aquellos que me esperaban
a celebrar el año que venía
o el modo natural de otros difuntos.
Ah, ternura sin lápices la nuestra,
con ella nunca contaremos nada,
ni la flor del subsuelo sabrá tanto
ni la patria menor de las hormigas
podrá tomar mis últimas migajas.
Ah niño, huye de la vejez,
cierra los ojos
y dile al menor de los menores
y al otro niño
y al otro
y a los otros
que aquí no quiero verlos
porque aquí no hay canción,
ni trenza,
ni cuchara
ni quien nos use el nombre.
Creedme a mí,
bajo la tierra os digo que no hay prisa,
que no hay que ser exactos con la muerte
ni con el odio.
Recordad esa altura que buscáis
para tomar los pájaros y el cielo
y recordad los años, vuestros años,
que aún pueden contarse con los dedos.

REVELATIONS OF A DEAD SOLDIER

They don't believe me anymore
but you are not sad
and still your hands are innocent.
Yes, it's true, I am dead to everyone,
even those who were expecting me
to celebrate the coming year or
the natural death of all the other dead.
Ah, that tenderness without a pencil that is ours,
with it we'll never tell a thing,
nor will the flower underground know so much
nor will the lesser homeland of the ants
be able to carry off these last remaining crumbs.
Ah child, run away from age,
close your eyes
and tell the youngest of the young
and another child,
and another
and all the others
that I don't want to see them here
because here there is no song,
no braids,
no spoon,
nor anyone to call our name.
You have to believe me,
underground, I can tell you, there is no rush,
there is no need to be exact, not with death,
not with hate.
Remember those heights you sought
to reach for birds and sky
and remember the years, your years,
that can be counted still on fingers.

Pero sabed, si el agua está en su sitio,
si aún podéis levantar la línea,
el ángulo
y la sombra,
es porque nos mandaron a matar
y no dejamos que la bota os pisara.
Pero no hay que ser los primeros,
no hay que marchar a conquistar, no es cierto
la alegría del asalto. No es hermoso
desbaratar el tiempo de los otros
y saber que alguien cuenta a cada instante
para cobrar exactamente.
Niños:
el viento aún es hermoso,
aún es entero el pan de vuestras cenas.
Aquí no, aquí nunca quiero veros,
porque aquí no hay canción,
ni trenza,
ni cuchara
y aún debe ser temprano en vuestros ojos.

But know that, if water lies in its proper place,
if you can still raise up a line,
an angle
and a shadow,
it is because they sent us off to kill
and we did not allow the boot to grind you down.
But there is no need to be the first,
no need to march to conquest, it isn't true,
the joy of the assault. It is not beautiful
to break to pieces time for others
and to know that someone's counting all the time
exactly what it costs.
Children:
the wind is lovely still
and the bread is whole upon your table.
Here, no, here I never want to see you,
here are neither song,
nor braids,
nor spoon,
and all must keep its freshness in your eyes.

CARTA DE UN FUSILADO

Escribo para los que están detrás de mí.
Únicamente quiero que me reconozcan entre tanta tristeza.
Eso de odiar dos veces, de morirse dos veces,
cuando una sola lágrima puede llorar por todos.
Eso de besar a través de los huesos
sumergido en la tierra como una raíz última.
Eso de subirse a la hierba, de hacerse mineral
para huir del cadáver y empezar nuevamente
es como dar el corazón en gritos
o dejar una herencia de miedo junto al muro.

Me trajeron una mañana en que la alegría se rompió para siempre.
Fueron hombres iguales.
Probablemente amaban como yo a sus espejos,
tal vez solían claudicar frente al ángel nocturno
y habitarse de amor cada mañana
y enjuagarse las bocas
y esperar a que les nazca un hijo.
Sin embargo, a mí sólo me dieron sus dientes y sus uñas
y me tomaron de la mano como a un niño
y me hicieron caminar hasta que me doliera
y me entregaron luego una ración de esquinas
y me pusieron a esperar la muerte.

Saben llover los días,
saben irse
y tocar el corazón al caerse.
Saben mirar a las rodillas
como si Dios anduviera de contrabando en ellos.
Saben masticar el aire con cada dentadura,
saben golpear en la pared. Anuncian su partida

LETTER FROM THE VICTIM OF A FIRING SQUAD

I write for those who will come after me.
All I want is to be recognized in all that sorrow.
That business of hating twice, of dying twice,
when a single tear could be shed for all.
That business of kissing through the bones
submerged in the earth like a last root.
That business of climbing up to the grass, of turning to mineral
to flee the corpse and to begin again,
like surrendering the heart with a scream
or leaving a legacy of fear against the wall.

They dragged me out one morning, my happiness broken forever.
They were men, like any other.
Probably like me they loved their image,
perhaps submitting to their guardian angel in the night
and filling themselves with love each morning
and rinsing their mouths
and waiting for the birth of a son.
And yet, they only gave me their teeth and fingernails
and they took me by the hand like a little boy
and made me walk until it hurt
and gave me then a bit of food
and left me there to wait for death.

This they know, how to fill the days with rain,
and disappear
and touch the heart as it is falling.
And how to watch our knees
as if God were wandering clandestine among them.
And how to chew the air with all their teeth,
and beat the very wall. They announce their departure

y amargamente saben sacarse las camisas
y dejar en un túnel la desnudez del ojo.

Un día me avisaron que tenía que caer,
que tenía que partir.
Y hasta me dieron ganas de prestar una madre
en lugar de alquilar la tristeza de un ángel.
Sentí que ya no había lugar para las lágrimas
y que elevar los puños
era como reírse para adentro.
Por eso escribí mi agonía manchando las paredes
y me acordé de todas las sogas solitarias.

Me sacaron al alba
y me pareció que había vivido solamente una noche.
Caminé por la tierra presintiendo mi surco
-el viento, mientras tanto, se gastaba en los árboles-.
A mi lado tenía un hombre con sotana
y pude ver su risa colgada en un rosario
y me marcó los pasos y me enseñó su Cristo
y me negué a besarlo con mis labios en viaje
porque el amor se había quedado en una esquina.

Me miraron. Había tantos ojos oscuros.
El silencio entre tanto mordía como un perro
y las piernas se amaban en su actitud de espanto.
Caía mientras tanto la tristeza a pedazos
y una cobarde lluvia me mojó la firmeza.

Un hombre que vestía de bota y de sepulcro
y que dos manos hechas para el amor tenía,
como diciendo adiós me miraba hasta nunca.
Primero preparó los pasos de la muerte

and with bitterness take off their shirts,
leaving in the tunnel the nakedness of eyes.

One day they told me I would have to fall,
would have to leave.
And I even felt like borrowing a mother
instead of renting the sorrow of an angel.
I felt there was no longer room for tears,
that raising up my fists
was like laughing inside.
That's why I wrote my spreading stain of suffering on the walls
and remembered all those solitary ropes.

They dragged me out at dawn
and it seemed to me that I had lived just a single night.
I walked the ground sensing my final path
—the wind meanwhile was losing itself among the trees—
by my side there was a man in a cassock
and I could see his smile hanging from a rosary
and he showed me the way and taught me his Christ
and I refused to kiss it with my absent lips
for love lay huddled off in a corner.

They watched me. There were so many dark eyes.
And all the while the silence biting like a dog
and my legs loving each other, filled with terror.
And all the time sadness was falling to pieces
and a cowardly rain was drowning my strength.

A man dressed in boots and sepulcher
with two hands made for love,
as if saying good bye, gazed at me till never.
First he prepared the proper steps to death

y cuando dijo: ¡fuego!
volví a la tierra inmensa con las manos vacías
a escuchar desde lejos la ternura del mundo.
Hasta tanto, había llorado con mis ojos amargos,
navegando por última vez frente a mi sangre,
por aquellos que esperan dudando en sus rincones
para venir después de mis espaldas muertas.

and when he said: fire!
I returned to the immense earth with empty hands
to listen from far away to the tenderness of the world.
Until then, I'd been crying with bitter eyes,
sailing the last time before my blood,
for those waiting doubtful in their corners
to come along behind my fallen back.

EL VIEJO CÍRCULO

I

Duro ha sido vivir de tantos lunes.

En la pared donde me crucifican
oigo al martillo derrotando al clavo.

Y después, qué vergüenza dar las gracias
si hasta el amor es un remordimiento.

Y después, qué tristeza
verse desnudo y con las manos huecas.

Y luego renacer. Y luego darse
hasta que se repita lo de siempre.

II

Nadie sabe que es agua
hasta que no lo culpen de un ahogado.

Nadie sabe que es tierra
si no lo mueven los profundos sismos.

Nadie sabe que es árbol
hasta que no lo culpen de un ahorcado.

Nadie sabe que es pan
si no lo despedazan los hambrientos.

Nadie sabe que es agua, tierra, árbol, pan.

Nadie sabe que es nada.

THE ANCIENT CIRCLE

I

How hard it's been to live through all those Mondays.

On the wall where they are crucifying me
I hear the hammer defeating the nail.

And then, what shame to give one's thanks
if even love is now remorse.

And then, what sorrow
to see oneself naked, with pierced hands.

And then to be reborn. And then to give oneself
till all that's always been repeats itself.

II

No one knows that he is water
until he's blamed for a drowning.

No one knows that he is earth
unless he's shaken by the deepest tremors.

No one knows that he's a tree
until he's blamed for a hanging.

No one knows that he is bread
unless the hungry break him into pieces.

No one knows that he is water, earth, tree, bread.

No one knows that he is nothing.

III

Ardiendo entre los polos genitales
de origen valgo, mas de origen muero.

Entre dos cifras dígitas me ponen.
Apareado a mi sombra,
por la segunda vez estoy herido.

Estoy de anónimo entre mis nombres
y me detienen entre dos pisadas
Mientras me olvidan entre dos memorias.

Estoy entre dos piernas y dos aguas,
sobre la tierra que me pulsa,
bajo la campanada que me llama.

Ardiendo estoy, me purifico y quedo
dividido otra vez en dos cenizas,
hasta que en algún punto de la muerte
los extremos se toquen.

PARABLE OF THE SON OF GOD

And after we expelled God from Paradise,
made in our image, after our likeness,
he covered his nakedness with pulpits and cupolas,
earned our souls by the sweat of his brow
and conceived in exile his only son
who was not born but died amidst blood and pain
after the merchants of the temple
had thrown him out forever.

EL INEXISTENTE

El que no tiene un nombre que ponerse,
un hueso que roer.
El que anda
prestando sed para tomar sus aguas,
pidiendo un ojo en que llorar su llanto,
mendigando su pan con otras hambres.
El que no tiene desnudez. Y en cambio
tiene un lunes después del otro lunes.
El que se fue para volver. Y ha vuelto
con una lluvia menos.
El difunto
al que velaron sin ningún cadáver.

THE INEXISTENT ONE

He who has no name to call himself,
no bone to gnaw.
He who goes along
borrowing thirst to drink his water,
pleading for an eye to cry his tears,
begging his bread with his other hungers.
He who has no nakedness. And in exchange
has Monday after Monday after Monday.
He who went off in order to return. And returned
with one less rainy afternoon.
The deceased
at whose wake there was no corpse.

ALTERNATIVAS

Camino entre dos aguas
la del sediento
la del ahogado.

Entre dos fuegos ando
el del constructor
el del incendiario.

Voy entre dos amores
el del amante
el del despreciado.

Entre dos vidas muero
la del poeta
la del condenado

ALTERNATIVES

I take my way between two waters
that of the thirsty
that of the drowned.

I walk along between two fires
that of the maker
that of the incendiary.

I go my way between two loves
that of the lover
that of the scorned.

I die between two lives
that of the poet
that of the condemned.

EL AFORTUNADO

Quién tiene un ojo que no le sirva,
una oreja que le sobre, quién tiene
un mes de más en su almanaque,
una hora inservible en sus relojes,
quién respira dos veces y vive
y sobrevive una única vida, quién
copula fielmente su bigamia, quién
se hace trampa y nunca se sorprende,
quién tiene un muerto que todavía lo ama
sin tocarle los sueños inminentes, quién
cabe a la vez en dos lugares diferentes,
quién ha dejado de morir su parte menos útil,
quién, en definitiva, gana la mesa
sin tirar los dados.

THE FORTUNATE ONE

Who has an eye that serves for nothing,
an extra ear, who has
a thirteenth month in his almanac,
a useless hour on his clocks,
who takes two breaths and lives
and survives a single life, who
faithfully copulates his bigamy, who
cheats himself and never is astonished,
whose dead one nonetheless still loves him
never touching his imminent dreams, who
can be found in two places at the same time,
who has saved from death his least useful part,
who, in conclusion, wins the game
never having thrown the dice.

PARÁBOLA DEL RESUCITADO

Aquel que nunca sabe lo que tiene
porque ha pensado que no tiene nada.

Aquel que nunca sabe lo que pierde
porque ha vivido siempre de contado.

Aquel que nunca sabe lo que busca
porque no se encontró ni lo encontraron.

Aquel que nunca sabe lo que vive.
Aquel que nunca sabe lo que muere.

Aquel que nunca sabe lo que sabe.

PARABLE OF THE RESURRECTED

The one who never knows what he has
because he thought he never had a thing.

The one who never knows what he has lost
because he always lived from day to day.

The one who never knows what he is searching for
because he never found himself, nor was he found.

The one who never knows what he is living.
The one who never knows what he is dying.

The one who never knows what he knows.

CARLOS E. JARAMILLO (Loja, 1932)
One of the strongest poetic voices in Ecuador, Jaramillo belongs to the
same generation as David Ledesma and Fernando Cazón Vera. His
work reflects an international perspective, that is, his lyric voice places
itself simultaneously abroad and at home, in the present and in the
past. Frustration with the political realities of his country and his own
life as poet turned lawyer are counter-balanced by deep ties of
personal friendship and love. His poetry is characterized by a strong
religious dimension, along with an openness to modern pop culture,
including the blues, jazz and international cinema.

BIBLIOGRAPHY
Poetry: *Escrito sobre la arena* (Quito, 1959), *150 poemas* (1961), *La trampa*
(1964), *Maneras de vivir y de morir* (1965), *La noche y los vencidos* (1967),
El hombre que quemó sus brújulas (Guayaquil, 1970), *Las desvelaciones de
Jacob* (Quito, 1970), *Una vez la felicidad* (1972), *Crónica de la casa, los
árboles y el río. Viaje al planeta Eurídice* (1973), *Perseo ante el espejo*
(Guayaquil, 1974), *La edad del fuego* (Guayaquil, 1977), *Trafalmadore*
(Guayaquil, 1977), *Veinte años de poesía -1953-1972-* (Quito, 1979),
Veinte años de poesía (Cuenca, 1985), *Blues de la calle Loja* (Loja, 1990),
Leves canciones sadomasoquistas (Quito, 2000).

BLUES DE LA CALLE LOJA

No sé cómo lo hiciste
pero te vi metido en ese músico de jazz
joven y hermoso
refinado
como nunca to fuiste
y sonando ese saxo barítono con toda tu alma de blues
escapándosete
a través de los relinchos de tu risa
tú que jamás supiste pulsar una guitarra
menos soplar uno de esos cobres
Guancha
qué igual a ti el tipo
tu físico 15 años atrás / un poco mejorado /
y especialmente
tu alma de pura música
batiendo el alfeñique del jazz hasta ponerlo blanco
mientras que la trompeta de tu oreja
allá en el Puerto
vibrará como siempre ante el canto del gallo al amanecer
y el ladrido de tus perros de caza
siguiendo pistas ilusorias
por los inverosímiles recovecos de tu patio
llenos de hermosos cachivaches inútiles/óxido y magia
Y luego
en la Orquesta de Vientos de la Universidad de Illinois
esa conversación ese chimento
entre el saxo 1 y el saxo 2
la batería de escobillas
el trombón de varas que pierde el parentesco
y lo raclama
toda la masa hermano todos nosotros allí los músicos de Bremen

LOJA STREET BLUES

I don't know how you did it
but I saw you there inside that jazz musician
young and handsome
refined
as you never were
blowing that baritone sax with all your blues soul
leaving you behind
through the neighing of your laughter
you who never knew how to play a guitar
or how to blow one of those horns
Guancha
how he looked like you that guy
the way you were 15 years ago / a bit improved /
and especially
your soul of pure music
stretching that brown taffy jazz till it turned white
while the trumpet of your ear
back there in Guayaquil
goes on vibrating as always till the rooster's crow at dawn
and the barking of your hunting dogs
on a wild goose chase
through the inconceivable forked paths of your backyard
filled with futile lovely junk / rust and magic.
And later
in the Wind Orchestra of the University of Illinois
that conversation that exchange
between sax l and sax 2
the brush drums
the slide trombone that loses its relationship
and then reclaims it
the whole bunch brother all of us there the Bremen musicians

con otros rostros y señales
pero a mí no me engañan
aunque de veras nunca creí que te vería
como te veo aún al filo del asiento
doliéndome los brazos de aplaudir
metido en el jazz vivo de la metáfora de tu alma
como para encadenarte esta vez con doble llave
Guanchaco lindo al cepo de mi memoria.

with other faces and other signs
but they can't fool me
even though I never thought I'd really see you
as I see you still from the edge of my seat
my arms aching from applause
there in the living jazz of the metaphor of your soul
as if to chain you this time with a double lock
Guanchaco good old pal manacled to my memory.

PERDÍ GRANADA

Al irme a estudiar a Quito
me llevé a mi tierra en las maletas
como quien guarda hojas de eucalipto entre las ropa
para que le recuerden la frescura del bosque.
En Quito seguimos viviendo y bebiendo como lojanos
por eso me hice tan amigo del padre de la niña rubia
que vivía frente al salón donde comíamos
y donde los sábados corría como un río la Vienner-Sport
cerveza de carpintero como decían los quiteños
pero la única al alcance de nuestra espantosa sed y escuálidos bolsillos
tan amigo del padre
que la niña dorada no me quiso
y fue una bella más al pozo de los deseos naufragados
un poco más de leña para que mi corazón se temple al fuego.
Fue por ahí que cometí por la primera vez y la última
la traición de abrir una carta ajena en honor de un amigo
peor para él la carta confirmó sus temores
empezó a caminar el corazón por el cuarto de espejos de la vida
a aprender que los laberintos no sólo están en la cabeza
ni que en todos acecha el Minotauro
intuimos aún más
que la confusión persistirá
y que es mejor no adentrarse en la oscuridad si no se tiene
por lo menos la luz de una pequeña lámpara
y lo más cruel que el otro puede ser inocente
el poeta Fredi en todo caso debía serlo /todos los poetas lo son/
además que su musculatura no invitaba a violentas aclaraciones
y que las cosas del amor se sufren o se gozan pero no se reclaman.
Cuando me vine a Guayaquil en cambio
ya de abogado

AND I HAD LOST GRANADA

When I went off to study in Quito
I took my hometown Loja with me in my bags
like someone keeping eucalyptus leaves among his clothes
to remind him of the freshness of the forest.
In Quito we went on living and drinking like Lojanos
and that's how I became such friends with the father of the young blond
who lived across from the dive where we ate
and where on Saturdays Viennner-Sport would flow like a river
that down-home brew as the Quiteños call it
but the only one within reach of our shocking thirst and squalid pockets
such friends with the father
that the golden blond didn't want me
and she became one more beauty in the well of shipwrecked desires
a little more wood for my heart to be tempered in its flames
it was around then that I committed for the first and last time
the treason of opening the letter of another for the honor of a friend
worse for him the letter confirmed his fears
and my heart started to traverse the mirrored room of life
to learn that labyrinths are not only in the head
and that the Minotaur stalks within us all
we sensed even more
that confusion would persist
and that it is better not to enter into darkness unless
you have at least the light of a small lamp
and the cruelest thing of all, that the other may be innocent
(Freddy, the poet, in any case must have been /all poets are/
on top of that his musculature did not invite violent clarifications)
and that one suffers or enjoys the things of love but never can complain.

When I came to Guayaquil on the other hand
already a lawyer

dejé Granada
me despedí con un largo lamento alcohólico de varios días
en que bebí con generaciones sucesivas
probando al juego de la mano a los guerreros más jóvenes
pulsando la guitarra con los viejos
filosofando
poetizando
verdaderamente demorándome en el umbral de la salida
a la hora de los abrazos.
Cuando me vine a Guayaquil ya todo estaba escrito.
Perdí Granada.

I left Granada behind
I said goodbye with a long alcoholic lament of several days
during which I drank with successive generations
arm-wrestling with the younger toughs
playing the guitar with the older ones
philosophizing
poetizing
truly lingering on the threshold of departure
at the hour of the last embrace.
When I came to Guayaquil everything was already written.
And I had lost Granada.

CREDO

Creo firmemente que todos los muertos son importantes
que nadie debe morir sino a su vez
que la resurrección de la carne está en la vida misma
creo en las cópulas placenteras que hacen a las parejas
solidarias
en la caminata por los infiernos para dar con nuestra
sombra verdadera
creo en la corruptibilidad del corazón tanto como de la
cabeza
y en las partes pudendas del espíritu oh ajusticiado.
Alternativamente amo y odio
a alguien que se parece a mí y a todos los hombres
creo que la redención de la especie no vendrá por el
sacrificio del cordero
sino por la extirpación de los culpables
creo en el vigor de la juventud
en la dialéctica de la violencia
y en que no hay sangre que se pierde ni esfuerzo que no valga.

Porque tiene que ser así.

CREDO

I firmly believe that all the dead are important
that no one should die but at the appointed time
that the resurrection of the flesh is in life itself
I believe in pleasurable matings joining couples together
in the long walk through hell to find our true shadow
I believe in the corruptibility of the heart as well as of the head
and of the private parts of the spirit, oh punished one.
I alternately love and hate
someone who resembles me and all men
I believe redemption of the species will not come
through the sacrifice of the lamb
but by the extirpation of the guilty
I believe in the vigor of youth
in the dialectics of violence
and that no blood is lost in vain, no effort is utterly worthless.

Because it has to be that way.

LA PRIMERA PIEDRA

No era cosa de lapidar a la mujer adúltera
ni tampoco de acostarse con ella
la piedra era más que eso
/el acto de lanzarla/
pero allí no existía
y tampoco la mano ni la víctima.
Era antes de la invención del bumerang
cuando el Santón aquel les metió pánico con sólo unas preguntas
o parábolas.
El empezó a cuestionar las cosas
a frotarnos el alma y la cabeza
hasta que naciera el fuego
y aunque se perjudicara la fe
el amor se fortalecía.
Una simple inversión de los valores
pero ha necesitado tanto tiempo y aún no es bastante.
Porque la piedra está
y hay que lanzarla:
en otras direcciones.

THE FIRST STONE

It wasn't a question of stoning the adulterous woman
or of going to bed with her
the stone was more than that
/the act of throwing it/
but it really wasn't there
nor was the hand nor the victim.
It was before the invention of the boomerang
when that Saint of all saints put them in a panic
with just a few queries, just a few parables.
He began to question things
to rub our souls and heads together
until fire was born
and even if faith was damaged
love was getting stronger.
A simple inversion of values
but it has taken so long and still it's not enough.
For the stone is there
and must be thrown:
in another direction.

NEGACIONES DE PEDRO

A la primera negación
fue como un desgarramiento
(su virginidad era profunda)
a la segunda un mal sabor
todavía en la boca,
después le pareció
que los gallos cantaban
como los ángeles.

PETER'S DENIALS

At the first denial
it was like a laceration
(his virginity was deep)
at the second there was still
a bad taste in his mouth,
and later, it seemed to him
that the roosters sang
like angels.

ADIÓS NARANJA MECÁNICA

La revolución del cordero sexy /profetas
beatniks teníais razón/
conjugó fábulas modos tiempo histórico
dio y encontró la onda en la que el Hijo del Hombre
anduvo
o su espíritu de nuevo está
las misas Godspel Jesucristo Super-star
o cualquiera otra
con percusión sonido electrónico
folk -esto es importante
sobre este rock levantaré mi iglesia-
y sobre todo no perder la fe
no caer en el pecado
/tampoco era válida toda la profecía
Ginsberg podrido/
marihuana sí heroína no
la personalísima comunión de los hongos
el ácido o el peyote
la polarización del sexo
la no violencia
se va haciendo con las costumbres nuevas La Escritura
Adiós a los viejos sabios: Jesús niño
vuelve a poner en jaque a los doctores de la ley
adiós Clockwork Orange ultraviolencia
la libertad no tendrá más esa cola atávica
adiós águilas buitres adiós héroes guerreros
las generaciones bélicas pasarán al basurero de la historia.

GOODBYE CLOCKWORK ORANGE

The revolution of the sexy lamb / prophets
beatniks you are right /
conjugated fables moods historical time
gave and found the wave-length for the Son of Man
or else his spirit is here again
masses Godspell Jesus Christ Superstar
or any other
with percussion that electronic
folk sound—this is important
upon this rock song I will build my church—
and above all don't lose the faith
don't fall into sin
/ all that prophecy rotten Ginsberg
none of that was true /
marijuana yes heroin no
the most personal communion of mushrooms
acid and peyote
the polarization of sex
non-violence
growing with the new ways The Scriptures
Goodbye to the old wise men: Baby Jesus
say check again to the doctors of law
goodbye Clockwork Orange ultra violence
liberty will no longer have that atavistic appendage
goodbye eagles vultures goodbye heroes warriors
those warring generations will be tossed on the garbage heap
of history.

DAVID LEDESMA (Guayaquil, 1934-1961)
Member of the Club 7 and Generación Huracanada (Wrecked Generation), Ledesma was an active if peripheral participant in Guayaquileño literary circles, before taking his life at a young age. In simple and direct language, he explores his experience of life from an idealized vision of childhood, a kind of paradise lost, to a confrontation with existential dilemmas, emptiness, and the futility of worldly decadence. Only now, forty-five years after his death, is he finally gaining in his homeland the recognition his poetry deserves.

BIBLIOGRAPHY
Poetry: *Cristal* (Guayaquil, 1953), *Club 7* (Guayaquil, 1954), *Gris* (Caracas, 1958), *Los días sucios* (Guayaquil, 1960), *Cuaderno de Orfeo* (Guayaquil, 1962), *Antología personal* (Guayaquil, 1962). Anthologies: *Lírica ecuatoriana contemporánea* (Bogotá, 1979), *Poesía viva del Ecuador* (Quito, 1990), *La palabra perdurable* (Quito, 1991), *Poesía reunida* (Quito, 2002), *Obra poética completa* (Quito, 2007). Unpublished poetry: *La risa del ahorcado o La corbata amarilla, Poemas para Guatemala, Elegías, Teoría de la llama, Cuba en el corazón.*

MATEMÁTICAS

Me decían los chicos de la escuela:
-Aprende la aritmética.
-David, estudia la aritmética.
-Tú no sabes aritmética. ¡Eres tonto!

Me gritaba mi padre diariamente:
-Estudia la aritmética,
aprende la aritmética...
Si no sabes la tabla de sumar,
no irás al cine, ni al foot-ball...
Hay que saber que dos y dos son cuatro
para poder vivir.

Me rogaba mi madre estristecida:
-Estudia la aritmética,
aprende la aritmética...
Si no sabes restar y dividir
no tendrás futuro,
ni dinero, ni casa, ni amigos, ni coche...

Y no aprendí las tablas de aritmética.
Ni he logrado el futuro, ni el coche, ni el amigo;
pero he tomado todos los dones de la vida,
gozándolos intensa y plenamente.

MATHEMATICS

The kids at school would say to me:
"Learn arithmetic!
David, study your arithmetic.
You don't know arithmetic. You're an idiot!"

Every day my father would yell at me:
"Study arithmetic,
learn arithmetic...
If you don't learn the addition table,
you're not going to the movies or the soccer game...
You've got to know that two and two makes four
if you want to survive."

My mother would beg, filled with sorrow:
"Study arithmetic,
learn arithmetic...
If you don't know how to subtract and divide,
you'll have no future,
no money, no house, no friends, no car...."

I did not learn the tables of arithmetic.
And I have never garnered future, car or friend;
but I have taken in my hands the gifts of life,
and savored them intensely, to the full.

ISLA DE INFANCIA

Pequeña y dulce isla
donde me habito y vivo
sin mapas ni argonautas.

Más arriba del alma
y cerca del silencio
se crece tu silueta
de coral solitario.

Allí mora la Madre
suave y blanca,
bordando con canciones
la mañana.

Allí la fuente azul
y su milagro,
el perro compañero
y los juguetes.

Los libros de la escuela
y las cometas.
La novia de quince años
y el domingo,
la música y los frutos
de la infancia.

Allí mora la luz
que ya no miro,
y la perdida lámpara
del suelo.

CHILDHOOD ISLAND

Small, sweet island
where I dwell and live
without maps or Argonauts.

Above the soul
and close to silence
your silhouette grows
from solitary coral.

There the Mother dwells
soft and white,
embroidering the morning long
with songs.

There the blue fountain
and its miracle,
the fellow dog
and all the toys.

School books
and comets,
a fifteen-year-old bride
and Sunday,
the music and the fruits
of childhood.

There dwells the light
which I no longer look at,
and the lost lamp
there on the floor.

CONOCIMIENTO DE LA MUERTE

Lentamente nos vamos acabando
con los cuellos lascados. Con las medias.
Con los viejos zapatos. La camisa
que arrancamos como una piel gastada.
Lentamente nos vamos acabando.

KNOWLEDGE OF DEATH

Slowly, we approach our end
with our worn collars. Our socks.
Our old shoes. The shirt
we tear off like a used up skin.
Slowly, we approach our end.

BALADA DEL TRANSEÚNTE

Nada me pertenece. Soy apenas
como el viajero que una noche toma
en alquiler el cuarto de un hotel.

Nada me pertenece. Ni siquiera
esta cosa con pelos y sonrisa
que cuido y nutro como un cuerpo propio.

BALLAD OF THE PASSER-BY

Nothing is mine. I am just
like the traveler who rents
a hotel room for the night.

Nothing is mine. Not even
this thing with hair and a smile
I care for and nourish like my very own.

EXTRAÑO

"Alguien que ignoro con mi voz pregunta
y hay otro ser en mí que le responde."

(María Granata)

Un hombre a quien jamás he conocido
visita una ciudad que ya no existe
-largo sabor de muerte le atraviesa
de parte a parte la sonrisa amarga-;
entra a una casa donde nunca ha estado
y se sienta a esperar que nadie llegue.

Sobre mi corazón suenan sus pasos.

STRANGER

"Someone I do not know asks with my voice
and there is another being in me who responds."
(Maria Granata)

A man I never met
visits a city that no longer exists
—a lingering taste of death traverses
his bitter smile from end to end—;
he enters a house where he has never been
and sits there waiting for no one to arrive.

His footsteps echo on my heart.

LUGAR DE ANGUSTIA

Todo se quiebra aquí. Todo se trunca.
Dios ha muerto de frío en esta tarde.
Y ya no hay luz porque la luz se escapa.
Y es tiempo de llorar la luz ausente.

Es tiempo de llorar la soledad,
el fruto amargo y la caída frente.
Es tiempo de quebrame yo también.

Y quisiera a toda voz pedir perdón:
asirme a un madero
llamar a alguna puerta,
nombrar a algún amigo.

Pero no hay nada fijo, nada claro,
y a mis lados, en mí y a mis espaldas
siento caer el Mundo y derrumbarse
una a una las cosas que levanto.

PLACE OF ANGUISH

Here everything falls apart. Everything gets cut short.
God has died of cold this afternoon.
And there is no more light because light always flees
and now is the time to grieve the absent light.

Now the time to grieve for solitude,
for bitter fruit and a forehead bowed.
Now the time to break myself in two.

And I would like to beg aloud for pardon:
to cling to a mast,
to cry out at some door,
to give a friend a name.

But there is nothing stable, nothing clear,
and all around me, and within me, and behind me,
I feel the World crumble and, one by one,
the things I build come tumbling down.

ELEGÍA

"Sangre pura con miel en las axilas"
                              (Jean Aristeguieta)

¡Oh soledad completa de tu axila!
Dulce tibieza de vellón tan suave
en donde nace -en un espasmo absorto-
tu desnudez más íntima. Y la llama
tan pálida que hiere tus pupilas
con esa lividez que es de otro mundo;
un mundo donde -acaso- ya no existan
sino tus finas cejas perseguidas
por un viento de aroma -yodo y sangre-
en el país extraño de tu rostro.

ELEGY

"Pure blood with honey in the armpits"
                        (Jean Aristeguieta)

Ah, your armpit's utter solitude!
Sweet warmth of fleece so soft
from which there springs—a spasm of astonishment—
your nakedness most intimate. And the pale flame
which wounds your pupils
with that lividness from another world;
a world where, perhaps, nothing exists any more
except your fine eyebrows pursued
by a scented wind, iodine and blood,
in the strange country of your face.

CANCIÓN DE QUIÉN SABE DÓNDE

Estas manos serán
-¡quién sabe dónde!-
tiernas como la luz sobre tus ojos.
Estos ojos serán
-¡quién sabe dónde!-
manos como palabras en tus labios.

Estos labios serán
-¡quién sabe dónde!-
una pequeña parte de tu alma.
¡Quién sabe dónde dejarás tu vida!
¡Quién sabe dónde dejarás tu amor!
¡Quién sabe dónde dejarás tu muerte!

SONG OF WHO KNOWS WHERE

These hands will be
—who knows where!
as tender as light upon your eyes.
These eyes will be
—who knows where!
soft like words upon your lips.

These lips will be
—who knows where!
a small part of your soul.
Who knows where you will leave your life!
Who knows where you will leave your love!
Who knows where you will leave your death!

RAPSODIA MELANCÓLICA

Hablo de la nostalgia que camina
como un perro callado, en derredor,
con su pelambre espesa de recuerdos.
Y el rabo entre las patas. Desolado.

Lily era una niña mitad ángel;
la otra mitad caricia.
Pegada de su nombre con resina
de viajes. De olvidados charcos de agua.
Detrás de su mirada chapoteaban
pececillos inquietos. Y garuaba
sobre su corazón una ternura
siempre a punto de brisa. De esfumarse.
Ella me amaba...Pude amarla.

Hablo de los antiguos barrios. De las casas
donde viví hace tiempo. De las tablas
del piso que crugían con un dolor de viejas solitarias.
Hablo de los hoteles. De las calles
donde gastamos suelas y semanas.
Hablo de Lily con saliva amarga
y mi lengua la toca al pronunciarla.
Son las 4 a.m. de un día largo y plomo.
Y llueve en la ventana. Y en los ojos.

MELANCHOLY RHAPSODY

I speak of longing that walks
like a silent dog, in circles,
with its thick coat of memories
and its tail between its legs. Forlorn.

Lily was a child, half angel;
the other half, caress.
Stuck to her name with the resin
of voyages. Of forgotten pools of water.
Behind her glance
tiny fish were splashing. And a fine drizzle
of tenderness was falling on her soul,
always on the verge of turning to a passing breeze.
She loved me. I could have loved her.

I speak of old neighborhoods. Of houses
where I lived long ago. Of floorboards
that would creak with the pain of lonely aged women.
I speak of the hotels. Of the streets
where we wore out our soles and all our days.
I speak of Lily with bitter spittle
and my tongue touches her as I pronounce her name.
It is 4 A.M. of a long and leaden day.
And rain falls on the window. And my eyes.

PARÁBOLA

Pensad en una cosa grata:
por ejemplo
la sonrisa apacible de un muchacho.

Pensad en un crepúsculo
o en al tibieza del hogar.
En fin,
pensad en todo
cuanto exprese armonía, ternura y paz.

El amaba las arduas cosas simples
de cada día: el árbol
con su fruto colgado de la espalda,
la mano amiga y la palabra absorta
que a cada sombra busca un nuevo nombre.

Ha muerto de alegría. Esto es cierto
Porque también se muere de alegría,
de perfección y de pureza. Es cierto.
Y esto que digo apenas lo comprenden
los minúsculos seres de la yerba
y los hombres que tienen ojos puros.

PARABLE

Think of a pleasant thing:
for example
the gentle smile of a boy.

Think of dusk
or the warmth of home.
In a word,
think of everything
that speaks of harmony, tenderness, and peace.

He loved the arduous, simple things
of every day: the tree
with its fruit dangling from its back,
the friendly hand, the astonished word
seeking a new name for every shadow.

He died of happiness. It's true
because one also dies of happiness,
of perfection and of purity. It's true.
And what I say, only tiny creatures
of the grass and men who have
pure eyes can understand.

HIPOLITO ALVARADO (Guayaquil, 1934)

Alvarado is a quiet poet whose work reveals a feeling of social commitment and, stylistically, a desire to break down the usual literary genre distinctions. His poetry manifests two diverse interests: one focusing on the day-to-day of ordinary people, filled with the details of quotidian urban life, the other leaning towards an examination of spirituality, principally through Indian religions. The literary influences on Alvarado, as on several other poets in this anthology, include James Joyce and e.e. cummings, as forerunners in the search for artistic freedom and especially in the championing of the use of colloquial language.

BIBLIOGRAPHY

Short Story: *La segunda voz* (Guayaquil, 1975). Poetry: *Más allá del tiempo y las imágenes* (Guayaquil, 1996). Short Story Anthologies: *Cuento ecuatoriano contemporáneo* (Guayaquil, s.f), *Nuevos cuentistas del Ecuador* (Guayaquil, 1975), *Bajo la carpa* (Guayaquil, 1981), *40 cuentos ecuatorianos* (Guayaquil, 1997), *Antología básica del cuento ecuatoriano* (Quito, 1998).

ESPERADURA

cuentopoema en voz alta
(para carmelina, que me dio su amor)

desde dos tiempos de amar para adentro
resbalándome a la penúltima costura de mí mismo
te espero vibrante en el recuerdo
tu última ansia bocarriba
tus muslos sólidamente morenos
cruzándose esbeltos en el aire
descruzándose en un gemido de fuelle reventado
tu espalda en mis manos temblorosa
tu aliento cálido
zumbido de ángel en mi oído
y en vuelco rápido
aspiro la raíz de tu trigo crecido para afuera
para adentro leche
biberón pi pi
la lluvia de costado del otro lado de mi ventana
desde el soportal de la esquina
ganchos carnes
moscas del aire colgando furiosas
manos gordas manchadas de sangre
envuelven el corazón en un periódico
diminutos soles para el suelo
tubitos de cristal de luz caídos en la vereda
rebotando en la pared de la carnicería
don gutiérrez
a mí despácheme oiga vea apúrese
gordo acuoso diente de oro
baba resbalosa sonrisa
entrega el cambio espanta a un perro

LONGHARDWAIT

storypoem to be read aloud
to carmelina, who gave me her love

from two times of loving inwards
i slide towards the penultimate seam of myself
i await you vibrant in memory
your final yearning mouth upwards
your thighs firm and dark
legs crossing slender in the air
and uncrossing in a moan burst from a bellows
your back trembling in my hands
your warm breath
the humming of an angel in my ear
and with a sudden twist
i'm inhaling the root of your wheat grown outwards
and inside the milk
baby bottle pee
rain slanting sideways on the other side of the window
from the arcade on the corner
hooks meat
flies of air hanging furious
fat hands stained with blood
wrap the heart in newspaper
diminutive suns dripping to the ground
little tubes of crystal light falling on the sidewalk
bouncing off the butcher's walls
don gutiérrez, sir,
over here, it's me, listen, look, down here, hurry up
flabby guy with a gold tooth
drool dripping down, smile
gives back some change, scares off a dog

meando su propia sombra contra el poste
el grifo de agua
el hijo desnudamente sucio
de nuestra señora de los motes
más acá del poste telefónico
cuánto caserito cuánto
en tanto el niño apara las gotas rápidas
que salpican su rostro desde el perro
ojos ávidos desde el suelo
risas grititos líquidos
el semáforo cuatro ojos vigilantes —
la calle húmeda sombra de colores contra el suelo
chorros de luz los carros
proyectando pequeñas lluvias de los faros para abajo
tanteando paredes el asfalto
lluvia breve de altanube
salpica el suelo pan arriba
así desde ese ángulo
creí ver el límite de tu cuerpo contra el cielo
nueve lunas cociendo nuestro pan
con leche y mantequilla
levado desde mi fermento y tu saliva
como también pude imaginar
el cielo tostado de tu cuerpo
desde el charquito de agua
saltando desde la mano del niño
que a sorbitos golosea y golosea
su frescura -de lluvia destechada
descargada contra algún caminante
rezagado a su menestra
malhumorado contra el invierno
abajo el agua carajo
muera el lodo, pendejo

pissing his shadow on the lamp post
the water tap
the naked filthy son
of our lady of corn meal
this side of the telephone pole
how many you want sir how many
while the child reaches for the rapid stream
from the dog splattering his face
eager eyes close to the ground
laughter little liquid cries
the traffic light four vigilant eyes
the street shadowy wet colors on the ground
streams of light, cars
projecting tiny downpours from their lights
touching walls touching asphalt
brief rain from high clouds
splattering up from the ground
and from that angle
i thought i caught the outline of your body against the sky
nine moons baking our bread
with milk and butter
leavened with my ferment and your saliva
and i could also conjure forth
the toasted sky of your rounded body
from that tiny pool of water
sprinkling from the hand of the boy
who with little sips savors the sweet
freshness of the dripping rain
falling on some passerby
late for his vegetable stew
in a bad mood with the winter rains
down with the water dammit
die you stupid muck

abajo los truenos
los relámpagos
y la puta que parió a los mosquitos
desde mi corazón en la escalera
oigo feligreses pasos
menuda sombra alta desde ayer la espero
cruje el escalón
leve roce contra el suelo
tum tum la puerta digo alegre
y se abre de bruces mi corazón a la vida
y al diablo con toda esta escritura

down with the thunder
the lightning
and the bitch who gave birth to mosquitoes
with my heart i hear the steps
of parishioners on the stairs
the tall slim shadow i've been waiting for since yesterday
now is climbing up the creaky stairs
lightly grazing the floor
knock knock
the door says happily
my heart opens wide to life
and to hell with all this writing

UN PRIMERO DE MAYO DE REOJO AL PASO

cuentopoema

está la mañanita de banderitas llena
pájaros
niños
gente de fiesta en el parque
primero de mayo en las pancartas
trabajadores desfilando carteles en escuadra
gritando fuerte sinvergüenza
no hay obras no hay pan
dónde te has llevado la plata
el hambre no aguanta
la gente camina se empina se empuja
desbordan la calle aplauden balcones
se agolpan en las aceras el soportal
las esquinas
mamita mírelo es él es él dice un niño
señalando a un hombre en el desfile
talvez su papá su hermano su tío
al frente la zona desborda uniformes
perros calientes carnes en palitos
muchines
deme uno
deme otro no empujen caray
en el zaguán milicos en alerta
mirando impasibles y neutros
metralleta al cinto
trabajadores municipales gesticulando
puños
palabras
agria la frente

A PASSING GLIMPSE OF THE FIRST OF MAY

storypoem

the morning filled fresh with little flags
birds
children
people at the fiesta in the park
first of may on all the banners
squadrons of workers parading their posters
shouting out down with the crooks
there is no work, there is no bread
what have you done with all the dough
hunger can't take it anymore
people are walking pushing standing on their toes
flooding the street the balconies applaud
people are massing on the sidewalks the arcade
the corners
mom look at him, it's him it's him a child cries
pointing at a man in the parade
maybe his papa his brother his uncle
before them the armory overflows with uniforms
hot dogs skewers of meat
yucca tortillas
gimme one
gimme another don't push dammit
in the entrance soldiers on alert
watching impassive and neutral
tommy guns at their side
municipal workers gesticulating
fists
words
furrowed sour brows

el sol dorando los árboles
las estatuas
las nucas de los hombres trepados en las ramas
reverberando en el suelo humito transparente
el sudor resbalando leve
atravesando la camisa calientito hasta el pellejo
en tanto las chicas han tornado por asalto el parque
empleaditas cocineras necesito urgente
pago buen sueldo y domingos
agradable ambiente de trabajo y televisor
dos personas y más de ley
los chicos pantalones bajo la cintura
entubados en las piernas endomingados para fiesta en pascuales
discotecas
bailecito apretaditos los dositos
y más tarde a lo mejor otra cosita
y ellos mirando
ellas mirándolos como quien no quiere
esperando anhelantes
dando la vuelta en el parque
las chicas en un sentido
en el otro sentido los chicos
miradas encendidas mejillas
guiñitos de ojos
alguna tosecita
una amiga los presenta
en fin cualquier cosa que salga
con tal de matar el domingo
en este primero de mayo del 80

sunlight gilding the trees
the statues
the necks of men clambering in the branches
transparent haze shimmering from the ground
sweat trickling down
soaking hot through the shirt to the skin
while the girls have taken the park by storm
little maids and cooks needed immediately
good pay and Sundays off
friendly environment your own television
working just for two and extra benefits
and the boys pants slung below the waist
tight-legged spruced-up sunday-best
for the fiesta over in pascuales and the discos
their little dance so close together just the two of them
and later maybe another little something
and the boys are looking
the girls look back as if they don't care
waiting with longing
promenading in the park
the girls in one direction
in the other the boys
fiery glances setting cheeks aflame
little winks of the eye
a little cough
a friend introduces them
in effect anything that serves
to kill this sunday
this first of may 1980

A LA BUENA DE DIOS POR ESAS CALLES

cuentopoema

(para alfredo katán, coautor de este entrevero)

por esa maldita costumbre de ensombrecer los días
con sus caprichosas poses
sus a medias verdades
por el pan en las nubes y de a peso
por los hermanos
la madre gritando
hay que aprovechar el tiempo
que estudien que estudien para el mañana
por ese miedo a que amanezca más temprano
resplandor de amor del hombre anuncie el fin del mito
la catástrofe el fin del mundo
la libertad interior del hombre se avecina
pregonada en juveniles y nocturnas voces
murmullo dulce en el ruido infernal de la metrópoli
y la gente abombada y triste
aún se anda escarbando sus dolores
las costras
y sus muertos
y discuten acaloradamente por la paz
se arman y pelean por la paz
también por aquello del bien y del mal
milicias cristianas en el líbano
por la historia del sapito sapón
que no quiso descolgar su medida y punto
ascender cielo adentro
ser embajador del infinito
y se quedó encharcando su agüita pequeñita

JUST WANDERING THOSE STREETS

storypoem

(for alfredo katán, co-author of this mess)

because of that bad habit of clouding the days
with their capricious poses
and half-truths
because bread is through the roof even the cheapest
because of the brothers
the mother screaming
you have to use your time
they have to study they have to study for tomorrow
because of fear the dawn will come too soon
splendor of the love of man for man, announce the consummation of the myth
the catastrophe the end of the world
man's inner freedom is approaching
announced in youthful and nocturnal voices
sweet murmurs in the hellish blaring of the city
and the people sad and ready to drop
still go about scratching at their sorrows
their scabs
and their dead
they argue heatedly for peace
they take up arms and fight for peace
and for those things, as well, the good, the bad,
christian militias in lebanon
because of the story of the thirsty frog
who didn't dare drop down to the sea
to climb up into heaven
to be ambassador of the universe
and so he kept on drinking just saliva

habiendo todo un océano por delante
días de sed junto a la fuente dijo alfredo
dejando de leer el poema
también sed tienen los peces
y miró la calle los postes la gente
y observó sus bolsillos virados al revés
jin desgastado hasta la llaga
sandalias
cinturones
carteras en las manos
por todo ello y algo más apuntó
quito daniel el doctor su papá
con cuya teoría discutida em ai ti
era posible producir proteínas de la luz del sol
vivan los pueblos hambrientos
también el betunero que duerme a mi lado
sin importarle un puto la gente que pasa
ni el poeta que escribe su vida
ni la mujer que ofrece sus piernas
bajo el soportal
pedro carbo y colón por si acaso
si vieras se me ofrecía opulenta
redonda insinuante
ojeras profundas tristezas
casa vieja montón de inquilinos
la madre el marido los hijos
los tíos los primos
si vieras
vamos al otro lado
la calle se viene de carros
como de a tres por medio adelante
rirrr rirrrrr rirrrrrrrr se vienen ondulantes las casas
flexibles en el charco de espumeante meado

with all the ocean there before him
days of thirst before the fountain, said Alfredo,
ceasing to read the poem
the fish are also thirsty
and he looked at the street the lamp posts the people
and noticed his pockets turned inside out
jeans worn to shreds
sandals
belts
purses in their hands
because of all that and something else he went on
quito daniel his father the doctor
whose theory was debated at m.i.t.
the possibility of producing protein from sunlight
long live the hungry
long live the shoe shine boy who sleeps beside me
not giving a damn for the people passing by
nor for the poet writing about his life
nor for the woman who offers sex
under the arcade
at the corner of pedro carbo and colón, just in case
if you had seen her offering herself to me opulent
voluptuous insinuating
deep rings of sadness under her eyes
an old house tons of tenants
the mother the husband the children
the aunts and uncles the cousins
if you had seen her
let's cross to the other side
cars are coming down the street
neck and neck three in a row
rrrrrrmm rirrrmmm rrrrrmm the houses come undulating
supple in a puddle of sparkling piss

taciturno el burro
fresca y humeante la caca
de lado la calle los carros la gente
                                        plaffffff

plaffff

a donkey taciturn
fresh and steaming turds
next to you the street the cars the people
                                      plaffffff

plaffff

AGUSTIN VULGARÍN (Guayaquil, 1938-1986)
Vulgarín often combines high and low culture in his poetry, as he deals with universal themes using vernacular language. Beneath an avant-garde surface, however, there are always classical underpinnings. He was the first poet in his country to present sophisticated perceptions and social criticism in a language deliberately filled with local slang, a technique later adopted by members of the poetry group Sicoseo.

BIBLIOGRAPHY
Poetry: *El pez que fuma* (Guayaquil, 1964), *Poemas* (Guayaquil, 1969), *El bosque de las estatuas* (Guayaquil, 1974), *Cuadernos de Bantú* (Guayaquil, 1977). Anthologies: *Lírica ecuatoriana contemporánea* (Bogotá, 1979), *La palabra perdurable* (Quito, 1991).

CARRO DE FUEGO

La tierra es nuestra, la arranchamos
de lo que fue el caos, con la carne y las uñas,
la hicimos corazón y médula de nuestro cuerpo,
cuando nadie la quería:
ni solamente los pájaros
ni únicamente el viento. Ni aún, la luz
la quiso para descansar en sombra.
Desde entonces, la cuidamos: de mucho hacerlo
nadie la usa como ella lo merece.

CHARIOT OF FIRE

The earth is ours, we tore her
from what was chaos, with our flesh and fingernails
we made her heart and marrow of our body,
when no one wanted her:
not even the birds
not even the wind. Not even the light
wanted to rest its shadow there.
Since then, we've taken over: we've done so much
that no one treats her as she deserves.

LA BELLA CREACIÓN

Dijo la mujer: hágase la carne de mi vientre
como fruto de coco: hágase la costumbre
de buscar acompañados la noche. Tenga
todo el placer de correr por la yerba;
de escanciar el agua de los mares,
de enceguecerse con bandada de estrellas:
hágase el hombre -dijo ella- pero luego, muera.

BEAUTIFUL CREATION

And the woman said: let the flesh of my womb
be like the coconut: let there be the custom
of searching with a partner through the night.
Let there be all the pleasure of running through the grass;
of savoring the waters of the seas,
of growing blind beneath a flock of stars:
let there be man – she said – but after, let him die.

LA RECONVENCIÓN

Si nos atreviéramos a decir: esto es malo
no nos gusta esa especie de destino
ese nacer un día y antinacer otro,
entonces los arcángeles como señores de principio
existirían, porque nosotros mismos, seríamos idénticos a ellos.
Evidente, no fue así: de haber sucedido aquello,
alfareros,
pagaríamos los platos rotos.

ACCUSATION

If we had dared to say: this is bad
we don't like this kind of destiny,
this being born one day and then unborn the next,
then archangels, like lords of the beginning,
would have existed, for we ourselves would have been identical to them.
Obviously, it wasn't so: had that happened,
fellow potters,
we would have had to pay the price.

OTRA VEZ LA PRESENCIA

La tierra, claro está, nunca estuvo inerte,
siempre fue movimiento y llama, pero antes ya era
depósito de vidas en explosión.
Mucho costó atraerla hacia los pies del hombre,
presencia en el claustro cósmico.
Hízose el hombre para la tierra
y viceversa; todo fue dado para amarlo salvajemente.
Se hicieron las investigaciones respectivas:
hubo necesidad de ubicar formas suaves,
como las cáscaras, unas;
groseras como las alimañas, otras.
De alguna manera se vio que todo era bueno,
tan bueno que un grano de arena en el desierto
bien vale la pena.

PRESENCE, AGAIN

The earth, of course, was never inert,
it was always in motion and in flames, and even before it was
a deposit of lives exploding.
It took a lot to draw it to the feet of man,
a presence in the cosmic cloister.
And man was made for the earth
and vice versa; and all was given to be savagely loved.
Appropriate investigations were made:
it was necessary to locate forms, some smooth
like the rinds of fruit;
some coarse like weasels and otters.
Somehow it was seen that all was good,
so good that a grain of sand in the desert
was well worth all the trouble.

EL AMOR COMO LEGADO

Y llegó la hora: de las mesetas bajaron
los animales domésticos y la tradición de los padres.
No se prescindió de lo mínimo,
presente estuvo el palafito y las cosechas;
bajó el perro, la ballena, el arpón y el iglú,
la sangre y el espíritu de sus antepasados, ídem.
Trajeron de las mesetas una manta y un palo encendido para la cena.
Bajó lo más hermoso, lo que vino desde los astros:
el amor humano para quedarse entre nosotros.

THE LEGACY OF LOVE

And the hour came: domestic animals and the traditions
of the fathers dropped down from the highlands.
Nothing whatsoever was omitted,
the shacks were there and also the harvests;
the dog, the whale, the harpoon, and the igloo all came down,
the blood and the spirit of their ancestors, idem.
From the highlands they brought a blanket and a firebrand for supper.
And down the greatest beauty came, the one come from the stars:
human love to dwell with us forever.

LA TRADICIÓN PERDIDA

La palabra que todo lo podía: pedir prestada vida,
hacer puentes de un continente a otro,
elevarse y dejar el cuerpo en el suelo como en trance.
La Palabra que nunca fue egoísta dióse en fauna y flora
para todos. Su espíritu, dos sonidos se hicieron
y cada uno de ellos: sí y no,
perdió la imagen de sus grandes abuelos.

THE LOST TRADITION

The Word that could do everything: ask for a borrowed life,
build bridges from continent to continent,
levitate and leave the body in a trance upon the ground.
The selfless Word that gave itself, fauna and flora,
to everyone. Its spirit, become two sounds
and each of them a yes and no,
lost the image of the greatness of its elders.

MAMÁ MARAVILLOSA

Mi madre, espejo mágico donde los rostros míranse bellos
Mi madre, pisapapeles del original de poesía
Mi madre, melón cubierto de nieve
Mi madre, mariposa aprisionada entre las bisagras de una puerta
Mi madre, túnica vistosa de los teatros primitivos
Mi madre, estrella de mar exhibida en caja de vidrio
Mi madre, cómodo par de zapatos viejos
Mi madre, poniendo cirios al filo de los lacrimales
Mi madre, pluma de ganso
Mi madre, metrón para medir las palpitaciones terrestres
Mi madre, heroico fusil de revoluciones
Mi madre en el número 9999999999 de las constelaciones vitales
Mi madre dueña de la lámpara de Aladino y la espada de Merlín
siempre lista a defender los sueños de su hijo.

WONDERFUL MOTHER

My mother, a magic mirror where all faces are seen as beautiful
My mother, paperweight on poetry's first manuscript
My mother, melon covered in snow
My mother, butterfly imprisoned in the hinges of a door
My mother, brilliant tunic of a primitive stage
My mother, starfish on exhibit in a glass bowl
My mother, a comfortable pair of old shoes
My mother, placing candles at the corners of her eyes
My mother, goose down
My mother, instrument to measure the trembling of the earth
My mother, heroic rifle of revolutions
My mother, in the number 9999999999 of the vital constellations
My mother, mistress of Aladdin's lamp and Merlin's sword
always ready to defend the dreams of her son.

ANTONIO PRECIADO (Esmeraldas, 1941)
The leading Ecuadorian black poet, Antonio Preciado, currently
the Ambassador to Nicaragua, is a politically committed contributor to
multiculturalism in Ecuadorian literature. His work reinvents the
heritage of poor decimeros (popular oral black poets) and contributes a
sympathetic view to further support the ideas of avant-garde social
thinkers and leaders such as Aimé Cesaire, Franz Fanon, Malcom X, and
Martin Luther King.

BIBLIOGRAPHY
Poetry: *Jolgorio* (Quito, 1961), *Más acá de los muertos* (Quito, 1966),
Tal como somos (Quito, 1969), *De sol a sol* (Bogotá, 1979), *Poema húmedo*
(La Habana, 1981), Espantapájaros (La Habana, 1982), *De ahora en
adelante* (Quito, 1993), Jututo (Quito, 1996), *De par en par*
(Guayaquil, 1998), *Antología personal* (Quito, 2006). Anthologies:
Lírica ecuatoriana contemporánea (Bogotá, 1979), *Poesía viva del Ecuador*
(Quito, 1990), *La palabra perdurable* (Quito, 1991).

ESTE HOMBRE, SU FUSIL Y SU PALOMA

Soy un sobreviviente
que apenas ha nacido;
viejo y reciente,
como el sol temprano.
Soy el mismo de ayer,
pero crecido,
y estoy tocando el cielo
con mis manos.
Soy el mismo de ayer,
enloquecido,
y trepo tempestades con mi brazo.

THIS MAN, HIS RIFLE AND HIS DOVE

I am a survivor
who has just been born,
ancient and fresh,
like early morning sun.
I am the same as yesterday,
but fully grown,
and I touch the sky
with my hands.
I am the same as yesterday,
but driven mad,
and I scale storm clouds with my naked arms.

POEMA QUE NO DEBE SER ESCRITO
POR UN POETA DE LA LUNA

Un hombre,
que tenía los ojos bien abiertos,
encontró en su camino
un enorme planeta:
lo guardó en su bolsillo
y siguió andando.
Cuando volvió a palpar su inmensa curva
todos los habitantes se le habían extraviado.

POEM THAT SHOULDN'T BE WRITTEN
BY A POET OF THE MOON

A man,
with eyes wide open,
found an enormous
planet in his path:
he put it in his pocket
and went on walking.
When once again he touched its boundless curve
all its inhabitants had deserted him.

LANZA

Linda,
hacia dentro de ti
aletea despierta
una paloma blanca,
y yo,
salvaje,
enorme,
atento,
malo,
le apunto con mi lanza.
Noche,
cierra los ojos
que voy a atravesarla,
a beberme su sangre
y a encenderla las alas.

SPEAR

Linda,
towards your depths,
awakened,
a white dove flutters
and I,
savage,
immense,
alert,
wicked,
aim my spear.
Night,
close your eyes,
for I am going to pierce her through,
drink her blood
and set her wings on fire.

HISTORIA

Correteaba la miel; pero ese día
el fusil
me dieron en la línea animal
del espinazo,
y desde entonces ando
de rencor en rencor,
de guerra en guerra,
con un fusil alerta entre las manos.

HISTORY

Honey flowed everywhere; but that day
they gave it to me
with a rifle
in my animal spine,
and ever since then I go
from rancor to rancor,
from war to war,
with a rifle ready in my hands.

DÁDIVA

Busco al fondo de todos los cadáveres
sus tesoros abiertos...

Los que murieron niños
muestran a flor de tierra
sus recientes estrellas sepultadas.

¡Ah, esta suerte de topo que me dieron!
¡Ah, la confusa tierra que me llama!
¡Ah, mis ojos despiertos que ven luces
detrás de la tiniebla más cerrada!

¡Un muerto me dio cal
para escribirle un claro verso al alba!

Ved que al norte de mí
se alza una hoguera pálida:
un niño recién muerto quiere darme
su anémica flor blanca
y me guiña su tumba
con la tímida luz de esta fogata.

GIFT

I seek in the depth of all the corpses
their open treasures...

Those who died as children
show on the surface of the earth
their freshly buried stars.

Ah, this mole's destiny that I've been given!
Ah, the confused earth that calls me!
Ah, my awakened eyes that see light
through the thickest gloom!

A dead man gave me chalk
to write the dawn a limpid verse!

See, to the North of me
a pallid bonfire soars:
a child, just dead, wants to give me
his anemic white flower
and his tomb twinkles at me
with the timid light of its flame.

MARIPOSA NEGRA

La mariposa negra
vino temprano.
Llegó de la misma noche
y se fue volando.

¡Ah, niño, si algún lucero
llena de luz tu cuarto!
La muerte viene cerrando
una sombra que te alcanza.
Ves, niño, la mariposa
te abrió sus alas.

¡Ah, la lumbre de un lucero
en el filo de tu cama!
Pero, ya ves, los luceros
crecen a mucha distancia
y tendríamos que andar
abismos para alcanzarla.

¡Ay, niño, la mariposa
hacía tiempo te buscaba!

BLACK BUTTERFLY

The black butterfly
came early.
It came from the very night itself
and then it flew away.

Ah, child, if only a celestial splendor
would fill your room with light!
Death is coming to wrap you
in its shadow.
Look, child, the butterfly
has opened its wings for you.

Ah, the luster of the morning star
at the edge of your bed!
But, you see, celestial splendor
gathers always in the distance
and we would have to make our way
through the abyss to reach it.

Ah, child, for some time now
the butterfly has been seeking you!

FUNDO UN MAR EN EL CHOTA

José Antonio Chalá,
entre un desnudo pez
y el agua
caben todos mis ríos,
tus lagunas
y este mar que te escribo.

Puede ser que algún día
se le antoje a la lluvia
caer hacia las nubes
y empaparlas.
Mientras tanto,
José
cosecha este delfín
entre tus plantas.
Así es como entre el viento y sus gaviotas
caben todas las alas.
Ya es hora de decirte,
no es secreto
que los cañaverales
te van juntando toda su maleza,
así es que entre la miel
y tu ancha lengua
le anticipo sabor a mi garganta.
Ha de ser que algún día
alcanzarán las olas mi ventana.
Mientras tanto,
José,
ya tu ciruelo que sembré en mi arena
va floreciendo su primera escama.

I FOUNDED A SEA IN THE CHOTA VALLEY

José Antonio Chalá,
there, between that naked fish
and the water,
all my rivers fit,
and your lagoons
and this, the sea that I am writing you.

Could it be one day
the rain will wish to fall
upwards to the clouds
and leave them sodden.
In the meantime,
José,
gather in this dolphin
with your crops.
That is how, between the wind and its seagulls,
all the wings can fit.
It is time to tell you,
it's not a secret,
that the canebrakes
are growing thick with weeds for you,
that is how, between honey and your broad tongue,
I anticipate the taste in my throat.
It could be that, one day,
the waves will reach my window.
In the meantime,
José,
from the ciruela plum I planted in my sand
the first new scales are already blossoming.

ESPANTAPÁJAROS

Alguno de nosotros ha querido mezclar
en esto de nosotros
a un extraño,
y le dijo al oído nuestros nombres,
de qué lado dormimos,
los sueños que soñamos,
el agua que bebemos,
el camino que andamos
con mayor certeza,
el cadáver que aguarda a cada uno
al final de sus pasos.
Hay pues entre nosotros
alguien que se ha torcido
y nos ha traicionado,
alguien que por el lado del abismo
sacó los trapos sucios al espacio,
alguien tan bueno,
bueno,
alguien tan desleal con sus pecados
que al reverso de su hombre siempre ha sido
algo así como un ángel desplumado.
Y yo temo a los ángeles lo mismo
con plumas o sin plumas.
con alas o con brazos.
así que ¡salgan de mí pronto
el ángel desde arriba
y el ángel desde abajo!
que aquí se salva el mundo
mundo,
mundo,
pues yo me quedo al pie de este poema
como un descomunal espantapájaros

SCARECROWS

One of us wanted a foreigner
to mess
in what is ours,
and he whispered in his ear our names,
on what side we sleep,
the dreams we dream,
the water we drink,
the usual path we take,
the corpse that waits for each of us
at the end of our steps.
In fact, there is among us
someone who has turned out wrong
and has betrayed us,
someone who on the edge of the abyss
threw our dirty clothes into space,
someone so good,
so good,
someone so disloyal to his sins
that on his other side there has always been
something like a plucked angel.
And I'm afraid of angels,
those with feathers and those without,
with wings or with arms.
So, get out of me right now
angel from above
angel from below!
So here the world can be saved
world,
world,
for I stand at the foot of this poem
like a giant scarecrow.

POEMA PARA MI MADRE QUE DEBE SER LEÍDO JUNTO AL FUEGO

Era en sol la mañana
cuando cambiamos de ojos
para observarnos en secreto
el principio y el fin del irrompible hijo
que anuda su silencio y mi poema.
Fue un sólido minuto,
edificado en huesos,
en el que comprendimos claramente
que las piedras no hablan
por no negar al tiempo.

Yo escribí su cansancio,
sus tristes alegrías,
su temblor,
su desvelo,
en el tierno cogollo
de un viejo guayacán que ya es eterno
en su alta vida de árbol,
rama,
sombra,
indefiniblemente bueno.

Ella,
sencillamente,
bordó cientos de veces mis dos nombres
en un trozo de piel
que se arrancó del cuerpo.

A POEM FOR MY MOTHER THAT SHOULD BE READ NEXT TO THE FIRE

It was in the morning light
we traded eyes
so we could see in secret in each other
the beginning and the end of the unbreakable son
who ties his silence to my poem.
It was a solid minute,
built on bones,
in which we clearly understood
the stones were silent
avoiding time's negation.

I wrote her tiredness,
the sadness of her joys,
her trembling,
her sleeplessness,
in the tender heartwood
of an old guayacán, already eternal
in its tall tree life,
branch,
shade,
indefinably good.

She,
with simplicity,
embroidered hundreds of times my two names
on a chunk of flesh
torn from her body.

ABRAZO

Cuando entres en mi casa,
aquella que se encuentre en plena vía,
frente a frente del viento,
en el sitio de ayer
donde hace siglos
derribé las paredes
y arranqué las ventanas,
sabe que,
si no estoy,
he salido a buscarte.
Déjame de señal tu cualquier nombre
que luego,
al regresar,
te habré encontrado.

EMBRACE

When you enter my house,
the one that can be found out there in the open,
facing the wind,
on yesterday's site
where centuries ago
I demolished the walls
and pulled out the windows,
know that
if I'm not there
I've gone off to look for you.
Leave me a sign, any old name,
so that later,
when I return,
I will have found you.

SONIA MANZANO (Guayaquil, 1947)
One of the strongest female voices in Ecuadorian literature, Sonia Manzano, in both her fiction and poetry, examines with an aggressive irony the limits of machismo, and elaborates on the condition of women, with a combination of forceful self-affirmation and feminist solidarity. Her poetry draws on tradition and the past in its imaginative deconstruction of fundamental Western myths, including the biblical foundational stories behind our modern culture.

BIBLIOGRAPHY
Poetry: *El nudo y el trino* (Guayaquil, 1972), *Casi siempre las tardes* (Guayaquil, 1974), *La gota en el cráneo* (Guayaquil, 1976), *La semana que no tiene jueves* (Guayaquil, 1978), *El ave que todo lo atropella* (Guayaquil, 1980), *Caja musical con bailarina incluida* (Guayaquil, 1984), *Carcoma con forma de paloma* (Quito, 1986), *Full de reinas* (Quito, 1991), *Patente de corza* (Quito, 1997), *Ultimo regreso al Edén* (Quito, 2006). Fiction: *Y no abras la ventana todavía -zarzuela ligera sin divisiones aparentes* (Quito, 1994), *Que se quede el infinito sin estrellas* (Quito, 2001), *Eses fatales* (Quito, 2005).

CADÁVERES DE FLORES

Flores en mis tobillos
Flores alrededor de mis muslos
Flores brotando desde todos los orificios de mi cuerpo

Flores anales
vaginales
lacrimales
flores de turbios colores seminales

Flores perfumando el vino en que sumerjo
trozos de carne floja que morirán conmigo

Flores regadas por mi habitación vacía
confundidas con mis prendas interiores

Flores colgando del hacha del verdugo
flores orlando las sienes del desvelo

Flores que venderé a la entrada de un cine
y que arrojaré desde una rueda moscovita

Flores de plumas
flores de pelos
flores saliendo en procesión
desde un pubis despoblado

Flores adornando la montura
de la jinetera más joven
flores de vientos encontrados
flores de vientres encontrados

CORPSES OF FLOWERS

Flowers on my ankles
flowers round my thighs
flowers sprouting from all the orifices of my body

Anal flowers
vaginal
lachrymal
flowers of turbid seminal colors

Flowers making fragrant the wine where I submerge
pieces of flabby flesh that will die with me

Flowers spread throughout my empty room
intermingled with my underwear

Flowers hanging from the hangman's axe
flowers bordering the temples of insomnia

Flowers I will sell at the entrance to a movie house
that I will throw down from a Ferris wheel

Feathered flowers
tresses of flowers
flowers in procession
from a deserted pubis

Flowers adorning the saddle
of the youngest hooker
flowers of encountered winds
flowers of encountered wombs

Flores colgando de la solapa de un gánster
flores de tallos largos y corolas hambrientas

El día en que me ahogue para siempre
tendré repletos los bolsillos
con cadáveres minúsculos de flores

Flowers drooping from a gangster's lapel
flowers with long stems and starving corollas

The day when I drown forever
I will have my pockets filled
with the tiny corpses of flowers

DE CORZA AL AGUA

Alguien baja su pulgar
alguien ensarta su tridente
en la córnea desprendida del destino

> No trepida la tierra
> no erupciona ningún volcán
> éstos no son los últimos días
> de ninguna ciudad en especial
> pero hay que llegar al mar
> antes de que me trague el fuego

Desde la orilla
con un trapo que cubre mi impudicia
dejo que zarpe el mar
sin que me lleve.

***   ***

Me tomo la libertad de rechazar
el pollo frito y el puré de papas
de esta última cena

> hago ejercicios preparatorios
> cojo cables eléctricos
> con el corazón mojado

Abomino de cualquier consuelo tonsurado
y de cualquier indulto que llegue
a insultantes deshoras

FROM DOE BESIDE THE WATER

Someone gives a thumbs down
someone pierces his trident
in the detached cornea of destiny

> The earth does not shake
> no volcano erupts
> these are not the last days
> of any city in particular
> but I have to get to the sea
> before the fire swallows me

From the shore
with a rag covering my shamelessness
I let the sea set sail
without taking me along.

***   ***

I take the liberty to refuse
the fried chicken and the mashed potatoes
of this last supper

> I do warm-up exercises
> I grab electric wires
> My sodden heart sopping wet

I reject any tonsured consolation
and any pardon that comes
insultingly ill-timed

Acepto apenas
al revuelo del halcón
amarrado a mi brazo

        el revuelo de la que habla
        es asunto estrictamente mío

Me tomo la libertad de anteponer
la madrugada
a la morosa noche

        Me tomo la palabra y me atraganto
        me tomo el pulso y me declaro viva

Me tomo por asalto y desvalijo
lo que queda de mí
cada que muero

          ***

I only accept
the fluttering of the hawk
tied to my arm

        the fluttering of she who speaks
        is strictly my own business

I take the liberty to place
the early morning
before the languid night

        I take an oath and swallow my words
        I take my pulse and declare myself alive

I take myself by force and steal
what remains of me
each time I die

        ***

VOY A SEPULTAR A LA INSEPULTA

Reacia a corromperte
pudres la fruta que ahora tocas
y vuelves al beso un labio leporino
abierto hacia un gruñido diferente.

Pongo monedas sobre el vidrio.

Tu cara desde adentro hará milagros
y a nadie servirá
que sudes encima de tu frente.

I'M GOING TO BURY THE UNBURIED ONE

I am reluctant to corrupt you
you rot the fruit that now you touch
and you transform the kiss into a harelip
open towards a different growl.

I put coins upon the glass.

Your face from down within will perform miracles
and it won't do any good,
that sweat gathering on your forehead.

BREVES APUNTES SOBRE EL AMOR

1

Pongo la palabra amor
cerca de mi oreja
y no me dice nada

Hundo mis colmillos
en la pulpa engañosa del amor
y su carne destila
un sabor a cenizas

Dejo que el veleidoso amor
roce con sus muslos firmes
el escudo de hielo
que protege a mis miedos
y el amor retrocede
herido por los vidrios
de mis frígidas fiebres.
Ahora
acaricio un mal recuerdo del amor
con mi mano amputada

2

Aparta de mí este cáliz
no me pidas que hable sobre el amor
no me pongas a sudar sangre grumosa
en éste por demás reseco
huerto de los olivos

BRIEF REMARKS ON LOVE

I

I place the word love
close to my ear
and it tells me nothing

I sink my canines
into the deceptive pulp of love
and its flesh exudes
a taste of ash

And I let fickle love
graze with its firm thighs
the shield of ice
that protects my fears
and love withdraws
wounded by the shards
of my frigid fever.
Now
I caress a bad memory of love
with my amputated hand

2

Take away this cup from me
don't ask me to speak of love
don't make me sweat clotted blood
on this most arid
mount of olives

Alzo mis manos en plegaria
y pido que se haga el amor
pero el amor no se hace

¿Cómo puedes pedirme
que hable de algo que todavía no invento?

3

No quiero que el amor
vuelva otra vez a horadarme el corazón
con sus vueltas de tuerca
al rojo vivo

4

Hasta que conservé
una cierta capacidad para amar
fui una aceptable poeta
ahora soy
una sibila enmudecida
incapaz de adivinar
qué barco sin destino
la llevará a su destino

I clasp my hands in prayer
and beg "let there be love"
but love is not given

How can you ask me
to speak of something I still have not invented?

3

I do not want love
to come again to bore into my heart,
that turning of the screw
in vivid red

4

As long as I preserved
a certain capacity for love
I was an acceptable poet
now I am
a silenced Sybil
unable to predict
which vessel with no destination
will bring you to your destiny

PALABRA DE MUJER

(a Susana Cepeda de Ferrín)

Una mujer se va a lanzar
desde lo más alto de su cerebro en llamas
tuvo que escoger
entre ser devorada por angustias dementes
o irse llevándose consigo
la parte más difícil de sí misma

Se ubica tras de sus espaldas
y se empuja hacia el vacío

Desciende velozmente
su cuerpo va chocando
contra ángeles de vidrio
ubicados sin remedio
en los pisos impares de la noche

Y no llega a estrellarse
como estaba previsto
no se convierte en polvo
su cuerpo de por sí ya fragmentado

La salva su palabra
que se abre sensual y plena
en el último instante

Todo esto pasó
así como lo cuento
palabra de mujer
palabra sagrada
palabra por completo consagrada
a ser siempre mujer
sin dejar de ser palabra

A WOMAN'S WORD

for Susana Cepeda de Ferrín

A woman about to throw herself
from the highest floor of her brain in flames
had to choose
between being devoured by insane anguish
or going off taking with her
the most difficult part of herself

she stands behind her back
and pushes herself into the void

Descending rapidly
her body crashes into
angels of glass
stationed irremediably
on the odd floors of the night

And she doesn't smash to bits
as was expected
nor does her body already broken up
now turn to dust

It is her word that saves her
that opens sensual and full
at the last possible instant

All this happened
just as I tell it
a woman's word
a sacred word
a word utterly consecrated
to always being woman
without ceasing to be word

FERNANDO NIETO (Guayaquil, 1947)

Fernando Nieto is a leading experimentalist and the author of close to a dozen collections of poetry and prose poems. He was the founder of the poetry group "Sicoseo," that, focusing attention on the vernacular speech of Guayaquil and on the daily problems of ordinary people of the lower classes, took a political stand against the military dictatorship of the seventies. Following the model of Jean Paul Sartre, his poetry reveals a commitment to leftist ideals and to the people. His style is provocatively colloquial, and reveals an existentialist predeliction. He has lived for thirty years in Mexico, where he is active in literary groups that work with popular poetry and with the integration of salsa music into poetry. His books include *Blindman Reaching out at Noon, All of a Sudden,* and *Unto Death, Unto Death, Unto Death.*

NUEVOS SILENCIOS (FRAGMENTOS)

Alguien se conmueve por el buen uso de los paréntesis de un poeta
lo chévere es que lo dice en serio sin aguafiestas ánimo irónico
A veces soy yo quien se pregunta cómo se puede llamar a eso crítica
cómo se puede publicar impunemente un adefesio así
Alguien se felicita por ser fan de un poeta que utiliza admirablemente
las comillas
otro se conturba con el sabio manejo de los desaprensivos guiones
Me sigo cuestionando si eso es crítica yo podría escandir el recurso
de los pronominales líricos como si se tratara de pantaletas en desuso
tras la pausa menstrual de una ferviente dispensadora de membresías
parnasianas
Alguien lee por sobre mi hombro izquierdo lo que desescribo con la
mano derecha
otro festeja los tachones sin escribir de la página en blanco
...

Ya sé me contento con poco
Ahora me preocupa echar un pie con el cuero más sabroso de
esa mulatez confesa
y en ejercicio de sabrosura que me acompaña hoy
vino a visitarme porque le dijeron que estaba solo ejerciendo mi oficio
de solitario
ella es mi paisana mi ñera esmeraldeña mi socia de catres y
otros danzones
te voy a preparÁ chupe de pescao con bolón de verde
y lo cumple literalmente literal sumando arroz con coco para que no te
queje mi sangre para que ya no diga que no se le quiere
Y plan rataplán marimba niche de caña gadúa
con todos los fierros mi pana paiserita del alma mi negra santa

FROM NEW SILENCES (FRAGMENTS)

Someone is moved by a poet's good use of parenthesis
and he really means it, no party-pooper hidden irony here
Sometimes I ask myself how can you call that literary criticism?
How can you get away with publishing a piece of crap like that?
Someone congratulates himself on being a fan of a poet who uses
quotation marks to perfection
Someone else gets all turned on by the expert handling of dashes
I keep on thinking that if that's good criticism I could also be
scanning the possibilities of lyric pronouns, as if they were sanitary
pads discarded after her period by a fervid dispenser of Parnassian
privileges
Someone reads over my left shoulder what I unwrite with my
right hand
while someone else celebrates the unwritten crossings-out on the blank
page
...

I know I'm happy with almost nothing
Right now all I want to do is kick my heels up with that delicious dark
mulatto chick
and exercise the deliciousness that accompanies me today
She came to see me because they told her
that I was alone exercising my office of solitude
She is my countrywoman my Esmeraldeña buddy my pal of shanty
towns and Cuban beats
I'm gonna make you some fish soup and a plantain ball, she says
and so she does quite literally literal adding rice and shredded coconut
so you won't complain my bro', so you won't say that nobody loves you
And rata rataplan, a black bamboo marimba sounds
with all that jazz, my sis, my pal, my peepz, my soul my black and
saintly nigga babe

cómo no voy a quererte si me seduces si me alegras si me arrebujas entre tus
muslos si me llevas a los edenes de la muerte pequeñita y me regresas
por los acantilados de los engarces al desgaire mientras las congas
el bajo los bongós los timbales las campanas festejan nuestro bembé
horizontal si el oru nos despierta nos levanta nos lleva y trae baja Ochún
se apropia se hace uno en nuestros cuerpos madruga y
anochece con nosotros y nos vemos plácidos felices gozosos en espera
de más y más pero no todo se ha de gastar en un día
Debemos irnos cada quien a sus territorialidades doméstico-académicas
cada quien con su plante cada quien a sus respectivas muertes
intransferibles

...

Se dice en mi ciudad si es que se sigue diciendo habla serio loco
y los políticos como siempre enriqueciéndose desaforadamente
y los curas como siempre llevándose a la cama cuanta beata rica cae
por la sacristía
y el papa como siempre jodiendo las mujeres no deben abortar porque
es pecado
   -Habla serio loco
   -Serio te estoy hablando
Supongo sólo supongo
no ha cambiado mucho mi ciudad
tal vez unos cuantos arreglos urbanos en su patrimonio arquitectónico
unas cuantas modernizaciones para que no se diga que sólo la capital
es visitable
Veo fotos una revista
esa ciudad ya no es mi ciudad
la que nostalgizo a la que me aferro como tabla de salvación no existe
sólo quedan residuos restos de naufragio

How could I not love you when you seduce me give me joy gather me in
with your thighs carry me with you to that paradise of the little death
and lead me back through slippery steep slopes to this disdain while
congas bongos bass timbales bells celebrate our horizontal bembé
dance if Oru wakes us lifts us up carries us away and back Ochún will
descend take over become as one with us our bodies up late rising with
the light always with us and we will see ourselves placid happy joyously
awaiting more and more but we don't have to use it up in just one day
We must go now each of us to our domestic-academic territorialities
Each of us with our complaints each of us with our untransferable
deaths
...

In my city you say if anyone still says it you gotta be kiddin'
And the politicos as usual out of control getting richer and richer
And the priests as usual taking to bed any rich devout old dame
dropping by for confession
And the Pope as usual fucking women over because abortion is a sin
    -You gotta be kiddin', man
    -I'm telling you straight, dude
I'm just figuring just figuring
My city hasn't changed too much
Maybe just a few cosmetic urban improvements to the architectural
patrimony a few
modernizations so no one will say that only the Capital's worth a visit
I've seen pictures in a magazine
That city's no longer my city
The one of my nostalgia the one I cling to like a non-existent floating
spar when all there
is are scattered chips and fragments of the foundering ship

después de veinte y pico de años ¿qué me esperaba?
¿qué se iba a conservar tal como la dejé?
   -Habla serio loco
   -Serio te estoy hablando
Ayer por un choque el autobús permaneció una hora cuarenta y
cinco minutos
parado en espera que se despeje la carretera
los pasajeros inician su ronda de elucubraciones

After more than twenty years what could I expect?
That it would be the same as when I left?
  -You gotta be kiddin', man
  -I'm telling you straight, dude
Yesterday there was an accident and the bus was stuck for an hour
and forty five minutes
waiting for the road to be cleared
and the passengers started in with their rounds of speculations

HERNAN ZÚÑIGA (Ambato, 1948)
A major figure in artistic circles in Guayaquil, he is active in painting, graphics, theater and poetry. As a member of the generation of the 70s, he reveals in his art a deep sympathy for the marginalized urban poor. His painting is considered neo-expressionist, with evident influences from pop culture and conceptual art. The reflection of his artistic tendencies in his poetry makes his style unique in contemporary Ecuadorian letters. Despite a substantial poetic output, most of his poetry has only appeared in marginal and limited editions, in the form of mixed media constructions, pamphlets, or imbedded in larger visual projects.

"LUCHAR TODA LA VIDA PARA SER IMPRESCINDIBLE"

(Bertold Brecht)

La maleza reparte invernales resplandores
para el que verdaderamente vea
y no lo llame despectivamente monte
para aquella rosa negra que en sus manos
tiene nube para llorar
personales lluvias
todo lo que se pueda.
Ve nuevamente pájaros que aún no vuelan.
mariposas pálidas en los charcos
y lavados sus cabellos saliendo al día
empieza con esta maleza descifrando:
higuerilla, higos, hiedra, grilles,
al costado del "Sólo sentados" que se desplaza
con estos pellejos olorosos a esperanza,
nuevamente peinados,
a luchar toda la vida
para ser imprescindibles.

"FIGHTING LIFE-LONG TO BE ESSENTIAL"
                                        (Bertold Brecht)

Furzy bracken spreads out wintry splendors
for the one who truly sees
and does not call it with contempt underbrush,
for that black rose that in his hands
holds clouds of tears,
personal rains,
all that are possible.
He sees again birds not yet in flight,
pale butterflies in puddles,
their hair fresh-washed going out into the day,
he begins along with furzy bracken to spell out:
creepers, crickets, figs, Fittonia
alongside the interurban bus passing by
filled with flesh, fragrant with hope,
fresh-groomed hair
fighting life-long
to be essential.

DICE MUCHO

Una rama polvorienta en el espejo
detrás de su hombro presente
le dice que ha pasado el tiempo,
sorpresivas inundaciones
y amores,
¿Pero cuánto sutil o tremebundo
será un inevitable terremoto
su desengaño amoroso
un estético desencanto
o el significado de sus logros,
en lo eterno audible de la esfera?
Otro día fue al mar
a satisfacer su oído:
se conforma con una concha marina;
con la dura espiral concebida
gritándole eternidades al oído.
Ahora el mar es su espejo
y a sus espaldas
marchitos de iniciativa transeúnte
los días pasan como hombres
de distinta envergadura.
Mas
¿qué sobrevive a lo trascendente de la hormiga,
a su tránsito de sudoroso estibador moreno?
Acaso el aplastante zapato de este señor
las sirenas dormidas dentro de la concha
el papel escrito con la escala de Ritcher
la momentánea apología al pie del muerto
una rama polvorienta en el espejo
el ángulo desde donde fue posible verla
el frente y trasero de la escena.
La vida misma.

IT SAYS A LOT

A dusty branch in the mirror
behind his present shoulder
says to him that time has passed and
sudden floods
and loves as well.
But how subtle or dreadful
will the inevitable earthquake be
its amorous disillusion
aesthetic disenchantment
or the meaning of its accomplishments
in the audible eternity of the spheres?
One day he went to the sea
to please his ears:
he was content with a sea shell,
the achievement of the hardened spiral
calling eternities into his ear.
Now the sea is his mirror,
and behind his back the days,
worn down by pedestrian initiatives,
pass by like men
of varying dimensions.
But
what can survive the transcendence of the ant,
the progress of that sweaty, dusky stevedore?
Perhaps the ponderous shoe of this gentleman
the mermaids sleeping within the shell
the page written with the Richter scale
the momentary apology at the foot of the dead
or maybe a dusty branch in the mirror
the angle from where it was possible to see it,
the front and back of the scene.
Life itself.

LITURGIAS Y FAGIAS DEL "ART POÉTIQUE"

La masa purísima resplandeciente
la mesa para el Ofertorio
la misa donde ha de consagrarse
la mosa encarnada en tabernáculo
la musa después de la Comunión
convertida por obra y gracia
de su falta ortográfica.
Ella cumplió con el poema.

LITURGIES AND FEASTS OF THE POETIC ART

The masses in their shining purity
la mesa for the Offertory
the mass where the little missuss
must be consecrated,
manifested in the tabernacle
the muse after the Communion
converted by works and grace
from her misspelling.
She has finished the poem.

HAY UN ALMENDRO

Hay un almendro alto y hermoso
que ha crecido
desapercibido para algunos,
aquellos que nos sentábamos en las bancas
a fumar y conversar en el parque
de todas las gentes iluminadas   .
que andaban por América La Bella
buscándose unos a otros
tras ese algo humano
Mágico-Misterio
que hacía sentirnos inocentes
y libres como papel en blanco
donde el frío poeta de cada uno
debía escribir un terrible poema
con su vida y su mochila.
El almendro ha crecido ahora
lo he visto esta noche de ventisca
de 21 grados en el parterre terroso.
Allí se detienen los durmientes
con el cartón bajo el brazo
para no ser aplastados por los carros
al cruzar la calle rumbo al sueño.

THERE'S AN ALMOND TREE

There's an almond tree tall and beautiful
that has grown
unnoticed by some of us
who sit on the benches in the park
to smoke and talk
of all the enlightened people
who went to America The Beautiful
looking for each other
searching for that something human
Magic-Mystery
that made us all feel innocent
and free like a blank page
where the cold poet in each of us
had to write a stupendous poem
with his life and his backpack.
The almond tree has grown now,
I saw it this evening, in a light breeze,
70 degrees, there on the island of the avenue.
That's where the homeless pause,
cardboard boxes under their arms,
so they won't be flattened by cars
as they cross the avenue heading towards their dreams.

ECCE HOMMO

Aguarda el pan del dolor
cada día
como un Padre Nuestro de memoria.

El cuerpo me pide hierba
mientras no pise el césped
de las zanahorias.

Y no se ofendan
por este altar de humareda,
mi muerte blanca es mía
y nada más.

A nadie pido un óbolo
para el tabernáculo
donde apenas luce el ánfora
de mi voto democrático.

Reciban de todos modos
mi bendición de paz.

ECCE HOMO

Await the bread of suffering
each day
like an Our Father said by heart.

The body begs for grass
while refusing to cross
the turnipheads's tight lawn.

So he won't get offended
at this smoky altar,
this white death is my own
and nothing else.

I'm asking no one for oblations
for the tabernacle
where the only thing that shines
is the amphora of my democratic vote.

Accept in any case
my blessings of peace.

EL CARNICERO DE MILWAUKEE

Una cerveza enlatada como ésta
bebía Jefrey Dahmer
a partir de la medianoche
al lado de su fémur favorito.

Hachas, hachuelas, serruchos
y variedad de cuchillos
tenía el antropófago.

¿Sabías que al carnicero de Milwaukee
se le suicidó el papá?

Un día lo descubrieron
y cayó preso.
Otra mañana lavando
los retretes de la cárcel
le abrieron la cabeza como un coco,
al esbelto
y rubio bulto del monstruo.

Así lo acabaron
con un mazo de hierro.

THE BUTCHER OF MILWAUKEE

Jeffrey Dahmer drank
a can of beer like this one
around midnight
beside his favorite femur.

Axes, hatchets, handsaws
a variety of knives
the possessions of this anthropophagus.

Did you know the father of the butcher
of Milwaukee left him through suicide?

Finally they found him
and off he went to prison.
One morning, as he was washing
down the bathroom stalls,
they split his head like a coconut,
the slender
blond noggin of the monster.

That's how they finished him off
with an iron rod.

BESTIARIO

A la media noche
la salamandra canta
y los cuerpos opacados
se iluminan en el lecho.

Las palabras
abonadas en el cepo
para que retoñe un verso
en el futuro,
como un trueno
cortando la tiniebla.

BESTIARY

At midnight
the salamander sings
and murky bodies
glow in bed.

Words
fertilize the trunk
so in the future
a line of poetry can sprout,
like a thunderbolt
cutting through the gloom.

AMORES PARALELOS

La musa
del placer perverso
vive y hace vivir al poeta
al filo de la navaja.

Cuando se le ocurre
pincha su enfermo corazón
con alfileres de oro.

Goza con la sangre que chorrea
espesa como rubíes al vacío
hasta hacerse piedras.
Ríe con todo el nácar de sus dientes
por cada una de las lágrimas
de amargos versos en el otro.
También llora engreída
cuando el vate ríe
con su mentiroso estruendo
de payaso.

Van juntos como inocentes conejos
en un campo repleto de tréboles
y emprenden a pie alborozados,
juntos de la mano,
hacia el invisible horizonte
del naufragio.
Siempre han sabido con engaño
que una mitad nada vale
sin la otra.
Juntos van buscando
el puente desde donde
se lanzan los desesperados.

PARALLEL LOVES

The muse
of perverse pleasure
lives and makes the poet live
on the razor's edge.

When she feels like it
she pricks his sickened heart
with golden pins.

She takes pleasure in the blood that spurts
thick like rubies into emptiness
until it's turned to stones...
She laughs with all her pearly teeth
for all the tears
of bitter verses in that other.
She also cries spoiled tears
when the bard laughs
with the desceptive chortling
of a clown.

They go together like innocent rabbits
in a field filled with clover
and hand in hand
they wander off, enraptured,
towards the invisible horizon
of the ship wrecked at sea.
They've always known and wrongly so
that half is worthless
without the other half.
Together they head off to seek
the bridge from which
the desperate hurl themselves.

MONTAÑITA

He guardado en celo
esta noche
para que caiga rotunda
sobre ti.

Entre nuestros labios
escoge un secreto mutuo
el sutil temple del vino consagrado.

Nuestros óleos dérmicos
se sorprenden en la madrugada
y ya nadie espera yerto
ante la desolación de los cuerpos.

Permitida está
la lúbrica violencia
de la espuma en esta orilla.

El choque chispeante en la roca marina
la resaca inmensa en retorno
y el placer convulsivo en marea
tan parecido a la muerte.

Somos dos insolentes granos de arena
en el sin tiempo de la playa galáctica
donde los astros brillan en el agua.

MONTAÑITA

I have guarded this night
in heat
for it to plummet down
upon you.

Between our lips
a shared secret chooses
the subtle temper of consecrated wine.

Our oily skins
surprise each other in early morning dark
and no one stands rigid
before the body's desolation.

It is allowed,
the lubricious violence
of spume on the shore.

The sparkling crash against the rock in the sea
the immense undertow returning
and the convulsive pleasure in the tide
so similar to death.

We are insolent grains of sand
in the timelessness of a galactic beach
where stars glisten in the waters of the sea.

MARITZA CINO (Guayaquil, 1957)

Cino's primary concern is freedom. In her poetry, she struggles against traditional assumptions and modes of expression. This struggle is reflected in stylistic challenges to the norms of grammar and syntax, as well as in her personal questioning of accepted social paradigms. Her poetry can be seen as an act of defiance against the given in the two realms that concern her most, the sexual and the linguistic.

BIBLIOGRAPHY

Poetry: *Algo parecido al juego* (Guayaquil, 1983), *A cinco minutos de la bruma* (Guayaquil, 1987), *Invenciones del retorno* (1992), *Entre el juego y la bruma* (Guayaquil, 1995), *Infiel a la sombra* (Quito, 2000), *Cuerpos guardados* (Quito, 2008). Anthologies: *La palabra perdurable* (Quito, 1991), *Between the Silence of Voices: An Anthology of Contemporary Ecuadorean Women Poets* (Quito, 1997), *Poesía y cuento ecuatorianos* (Cuenca, 1998), *Poesía erótica de mujeres: Antología del Ecuador* (Quito, 2001), *Trilogía Poética de las Mujeres de Hispano-américa* (Mexico, 2004), *Mujeres frente al espejo* (Guayaquil, 2005), *La Voz de Eros* (Quito, 2006) and *El escote de lo oculto: Antología del relato prohibido* (2006).

DE JUEGO DE SOMBRAS

I
Desperté con la piel
empapelada de palabras,
abrí el sobre que colgaba
de mi muslo
temblaron las yemas de mis dedos
al despegar la ironía y el cartel.
Turbada en mi discurso
apretado de rutina
no le puse nombre a la mañana,
me recogí en la abreviatura
de mis hombros
y empecé a leerme lentamente.

II
Provengo del renacimiento
por cinco siglos pincelada
reencarno
rostros sin sonrisas
me acosan semejanzas
una ilusión de Botticelli.
Coleccionista de metáforas
cicatrizada en manantiales
irónica invisible
audaz en mis rarezas
me pinto en este instante.

from PLAY OF SHADOWS

I
I awoke with my skin
papered in words,
I opened the envelope stuck
to my thigh
my fingertips trembled
as I separated irony from poster.
Confused in my speech
squeezed by routine
I didn't give a name to morning,
I hunched tight in the abbreviation
of my shoulders
and began to slowly read myself.

II
My provenance is in the renaissance
painted for five centuries
I reincarnate
faces without smiles
similarities pursue me
an illusion of Botticelli.
Collector of metaphors
cured in flowing waters
ironic invisible
daring in my strangeness
I paint myself this very moment.

III
El arte me salvó
prestidigitador de instintos
redimió mi espanto
con su humor concupiscente.
Cascarón letal
azota mis raíces,
humecta los fantasmas
del sol contra mis huesos.

IV
Goce peregrino
acóplame a tu pulso
reincide en esta médula
andén de cisnes negros.
Fruición ilimitada
deshazme de mis límites
diseminándome la fuente.

V
Asúmeme distinta
yerbabuena en tu pendiente
juega con mi bruma
toronjil que se bifurca
confúndete al unísono
multiplícame en tu hiedra
alborótame la esencia
de este cristal que se diluye
refúgiate en mi pelo
cobrizo en su espesura
asómbrame y prosigue
hasta que se disperse
mi fisura.

III
Art saved me
prestidigitator of instincts
it gave me back astonishment
with its concupiscent humor.
Lethal shell
lash my roots
make moist the specters
of the sun rubbed into my bones.

IV
Pilgrim pleasure
join me to your pulse
reenact in this medulla
a pathway of black swans.
Illimitable satisfaction
free me from my limits
spread wide my source.

V
Conceive me as quite other
mint on your highest slope
play with my mist
that forked balm
lose yourself in unison
multiply me in your ivy
overwhelm me with the essence
of this diluting crystal
take refuge in my hair
coppery in its thickness
astonish me and do not stop
until my fissure
is dispersed.

VI

Para que no digas que soy difícil
voy a dejar inconcluso el rompecabezas
no te hablaré de mis preferencias barrocas
ni preguntaré el significado de la muerte
para que no digas que soy difícil
—por un momento—
estaré subordinada, exclusivamente,
al metalenguaje de tu cuerpo.

VII

Fe en tu malicia
bestiaje de garúas y entrañas
refugio de pactos lascivos
celada carnal.
Festín de sentencias
guarida o bramido
en la catarsis del juego.

VI
So you will not say that I am difficult
I will leave the jigsaw puzzle not quite done
I will not speak to you of my baroque tendencies
nor ask you what the meaning is of death
so you will not say that I am difficult
—for a moment—
I will be subordinate, exclusively,
to the metalanguage of your body.

VII
Faith in your malice
clustered beasts of drizzle and bowels
refuge of lascivious pacts
carnal ambush.
Banquet of sentences
lair or roar
in the catharsis of the game.

VIII
Dejé de escribir
con la exactitud del calendario
después de que me embalsamaran
sus textos
y me convirtiera en pirámide.

Ahora lo sé
por sus olores mortales
sus signos de luto
que fermentan las tumbas,
mientras yo transito invertida
con otra voz que me viene
de la escritura de un dios
que no es el dios de los muertos.

IX
No oigo voces
ni silencios
sólo el espectáculo
de hacer el amor
con la muerte.

FROM PLAY OF SHADOWS - 8

I stopped writing
with the precision of the calendar
after those texts embalmed me
and turned me to a pyramid.

Now I know them
their odor of mortality
their signs of mourning
that ferment the tombs,
while I travel upside-down
with another voice that comes to me
from the scripture of a god
who is not the god of the dead.

FROM PLAY OF SHADOWS - 9

I don't hear voices
or silences
just the spectacle
of making love
with death.

EDUARDO MORÁN (Guayaquil, 1957)
The poetry of Morán is irreverent, casual and ironic. His subject matter may be perceived as pedestrian, but his surrealistic approach forces the reader to see the ordinary in a new light. At times, an aggressive voice speaks of social injustice, at other times a detached, seemingly objective tone accompanies a fragmented vision of the quotidian.

BIBLIOGRAPHY
Poetry: *Muchacho majadero* (Guayaquil, 1979), *No pudimos mirarla de manera distinta* (Zacatecas, 1985), *Los lugares maliciosos* (1998).

EL HAMBRE ESTÁ HACIENDO SONAR SUS BÁRTULOS EN LA OSCURIDAD

Se acabó el dinero.
Los gerentes de crédito, insólitos
con su silencio, han desconectado el teléfono.
Desconfiados están.   Hostiles.

Los globos luminosos de la alegría fácil se desinflan.

El último sucre de mi bolsillo
todavía humea en sus cenizas.
¿Fue la palabra "accidente"
la que me venció?

Esta propiedad horizontal
del quincuagésimo piso
ahora es un crematorio para judíos;
aquí ya no hay decorados, ni tapices,
ni los amplios ademanes de los buenos tiempos.

Cargaron con el auto, los muebles, los cuadros
¿Dónde está mi bureau de ébano?
Pero no he de ver lo que miro:
¡Qué hermoso paisaje son estas ruinas!

Permítanme pisar mi alfombra de Hereke.
a mi valet no le importará,
él ya no ha de decirme lo que debo vestir,
ni planchará mis corbatas,
ni cuidará mi piel con sus caretas de arcilla;
compré el derecho de andar todo el día
con una camisa grasienta.

HUNGER IS RATTLING ITS POSSESSIONS IN THE DARK

The money is gone.
The credit managers, unusual
in their silence, have unplugged their phones.
They've lost confidence. They're hostile.

The bright balloons of easy happiness deflate.

The last coin in my pocket
still is smoldering in its ashes.
Was it the word "accident"
that defeated me?

This condominium
on the fiftieth floor
is now a Jewish crematorium;
in here there are no decorations, no tapestries,
not even the broad gestures of better days.

They loaded up the car, furniture, paintings.
Where is my ebony desk?
It cannot be I'm seeing what I'm seeing:
What a lovely landscape these ruins are!

Allow me to step upon my Hereke carpet,
my valet won't mind,
he will no longer tell me what I ought to wear,
nor will he iron out my ties,
nor will he treat my skin with his mask of clay:
I've bought the right to walk all day
with a greasy shirt.

Las siete vacas flacas llegaron, por eso,
trago con esfuerzo, como si fuera masilla.
mi último bocado de panecillo.

El hambre está haciendo sonar sus bártulos
en la oscuridad.
Sr. Miedo: déjeme dormir,
¿me oye? ¡que me deje dormir!
Pueda ser que roncando
el aire también abandone mis pulmones.

Había tanta luz en estos enormes cuartos.
Flotaba en el aire un perfume caro de espliego,
entonces yo era una persona decente.

Pero, de pronto, desaparecen las paredes,
los peldaños de esta escalera por la que desciendo
están perdiendo altura,
se acortan más y más sus tramos.
Una sola bombilla aún torpe, opaca,
está combatiendo contra la oscuridad.

¿Por qué había de ser yo menos hábil?
Soy un hombre de veinticinco años,
educación universitaria, bien parecido.
La vida es difícil,
hay que sacarle partido a todo
incluso a los peores momentos,
¿no haría usted lo mismo?
Dinero: te obligaré a emerger,
irás a sentarte en la silla donde me sentaré yo,
hablarás en el momento que yo hablé.
¡Ya verán cómo recobro mis buenos colores!

The seven lean-fleshed cows have come, and so
it's hard to swallow down like putty
my last and little bit of bread.

Hunger is rattling its possessions
in the dark.
Mr. Fear: Let me sleep,
You hear me? Let me sleep!
Maybe as I'm snoring
the air as well will leave my lungs behind.

There was so much light in these enormous rooms.
In the air there floated an expensive lavender perfume,
back then I was an honorable man.

But, suddenly, the walls disappear,
the steps of this staircase I'm going down
lose their height,
the landings come quicker and quicker.
A single light bulb, still opaque, still dim,
struggling against the dark.

Why must I be less capable?
I'm a man of twenty-five,
university educated, good appearance.
Life is difficult,
you have to take advantage of everything,
even in the worst moments.
Wouldn't you do the same?
Money: I will force you to emerge,
you will take a seat in the chair where I sit down,
you will speak the very moment that I speak.
They will see how I get my color back!

BÚFALOS

Los árboles contienen el aliento,
el aire saturado de quejidos de lobos;
por primera vez los elementos temen
ciegos, agrandan sus múltiples ojillos.
En el cristal verdoso del estanque
se reflejan fúnebres ramas.
Dentro de este cristal precisamente estamos,
acostados, sin tocarnos, inmóviles,
la respiración amortiguada. Terminó la tregua.

Desde aquí ya captamos
como si vinieran desde lejos
del mundo que hemos conocido hasta ahora,
las pezuñas torpes,
los vastos cuernos,
los cueros ardientes.
Hocicos húmedos ya nos tocan.
Un rostro se inclina hacia mí,
rostro de piedra y sin relieves
como un primer plano de cine,
mis arreos parten,
caen brutalmente al suelo hechos polvo,
el cristal se resquebraja.

BUFFALOES

The trees are holding their breath,
the air filled with the howling of the wolves;
for the first time, the elements are afraid,
blind, their multiple small eyes grow large.
In the green-tinted crystal of the pool
funereal branches are reflected.
And that's exactly where we are, inside this crystal,
side by side, not touching, motionless,
with muffled respiration. The truce is finished.

From here already we can sense
how they are coming from far off,
far from the world that we have known till now.
The clumsy hoofs,
the vast horns,
the burning hides.
Wet muzzles now are touching us.
A face leans down towards me,
a stone face without relief
like a close-up in the movies.
My armor bursts,
drops savagely down, smashed to bits.
The crystal breaks.

MUJER SOLA

Mi marido no llega todavía del trabajo,
sigue en su despacho
atorado con las tetas de su secretaria.
Yo, sentada en la cocina.

Los muebles, los platos, los cubiertos,
todo lo he dejado en orden, como siempre.
Me pregunto para quién cocino,
para quién limpio porquerías.
Es el precio que debo pagar
por haber tenido hijos, marido, casa. Y pago.
Preciso es que la muerte galope.
Mi madurez, mis maquilladas patas de gallo,
mis canas pintadas de amarillo,
la vejez instalada en el fondo de mí misma.
El estreñimiento crónico,
las várices, la crisis nerviosa, se levantan,
apagan la luz y emplean cinco minutos
en llegar al dormitorio.
Ya no cabe afirmar si ha hecho un día bueno
o si lo ha hecho malo.
Preciso es que la muerte galope.

LONELY WOMAN

My husband still has not returned from work,
he's carrying on his business
choking on his secretary's tits.
And I, sitting in the kitchen.

Furniture, plates, cutlery,
I've left it all in order. Like always.
I ask myself, for whom do I cook?
For whom do I clean up all the mess?
This is the price I have to pay
for having had children, husband, house. And I pay.
What's needed is that death come galloping.
My years, my powdered over crow's-feet,
my white hair colored blond,
old age established in my inner depth.
Chronic constipation,
varicose veins, nervous breakdowns, they all get up,
turn off the light and take five minutes
to make it to the bedroom.
There's no point now declaring
that it's been a good day or a bad.
What's needed is that death come galloping.

UNA PRIMAVERA DE OCHENTA AÑOS

Aunque no te caiga en la mano
un manual para grabar la resequedad del desierto
yo sé que desde hace ochenta años
te miras en el mismo estanque.
Eres el caso de tantas flores
estragadas por la menopausia de la primavera,
el mal sentarse,
el gorgoteo en el estómago.
piensas en la posibilidad de la muerte.
En algo te pareces
a un pañuelo saludando al cielo.
Se también que arrastras las zapatillas
porque de verdad
piensas en la posibilidad de la muerte.
Es como si te estuviera viendo
para siempre colgada del cuello.
Pero me gustan, tus dos brazos,
tu pellejo de pergamino
estirado sobre los huesos;
por eso hablo contigo, porque eres pura
aún dentro de tu octogenaria purulencia.

AN EIGHTY YEAR OLD SPRING

Although a manual for recording
the dryness of the desert
hasn't fallen into your hands,
I know that for the last eighty years
you've been gazing into the same pond.
You are just like all those flowers
ruined by the menopause of spring,
the sitting badly,
the gurgling in the belly.
In some way you look like
a handkerchief waving at the sky.
I also know you drag your rubber sandals
because in truth
you are thinking of the possibility of death.
It's as if I were watching you
hung forever by the neck.
But I like them, your bedsores,
your parchment skin
stretched over your bones.
That's why I talk to you, because you are pure,
still within your eighty-year-old purulence.

ROY SIGÜENZA (Portovelo, 1958)

Sigüenza's epigrammatic poetry focuses principally on the experience of dissident sexuality. One of the few authors in Ecuador to write from sexual and social marginality, he combines in his aesthetic a foundation of classical literature with an openly confessional subject matter that has made him a literary rebel in his country. Sigüenza studied literature at the Catholic University of Quito and works as a freelance journalist. His six spare volumes of poetry have firmly established him in the world of Ecuadorian literature .

BIBLIOGRAPHY

Poetry: *Cabeza quemada* (Machala, 1990), *Tabla de mareas* (Cuenca, 1998), *Ocúpate de la noche* (Cuenca, 2000), *La hierba del cielo* (Cuenca, 2002), *Cuerpo ciego* (Cuenca, 2005), *Abrazadero y otros lugares. Poesía reunida 1990-2005* (Cuenca, 2007). Chronicles: *¿Y vieron bailar el Charleston a la "Chiva" Marina?* (1991), *Portovelenses S.A,* (1999).

ESCONDITES

Los hoteles no permiten
parejas de hombres
enamorados en sus cuartos
(aunque presuman de heterosexualidad
el recepcionista siempre tiene sus dudas)
para ellos están las casas abandonadas,
el monte, los parques,
los asientos traseros de los cines,
los autobuses
                    (las luces apagadas)
hasta donde acude el amor,
los llama y los acoge.

HIDEOUTS

Hotels don't let
male lovers
in their rooms
(despite presumed heterosexuality
the receptionist always has his doubts),
for them there are all those abandoned houses,
the bushes, the parks
the rear seats at the movies
the back of parked buses
                (lights out, of course)
to which love comes,
calling them, welcoming them in.

EN EL HOTEL

i

Una cama es todo lo que hay aquí
sobre ella innumerables cuerpos se recuerdan

ii

"Está prohibido escribir en las paredes"
señalaba un edicto en la pared del cuarto,
"todo lo demás está permitido"
le agregamos él y yo, riéndonos

iii

Alguien estuvo antes de mí
en este cuarto
                    solo
y supo
que alguien estuvo antes de él
en este cuarto
                    solo

IN THE HOTEL

i

A single bed is all there is in here
upon it countless bodies are remembering each other

ii

"No writing on the wall"
declared an edict on the wall
"everything else is permitted"
we added, he and I, in laughter

iii

Someone was before me
in this room
                    alone
and he knew
that someone was before him
in this room
                    alone

LA CAL DEL ADIÓS

Si los olvidan
algunos van al mar y escriben poemas
(los más sensibles)
se vuelven enfáticos en sus trabajos
o cambian de creencias
(los más prácticos)

Tú vas al bar y te embriagas.

THE QUICKLIME OF FAREWELL

If they are forgotten
some go to the sea and write a poem
(the most sensitive ones)
they intensify their work.
Others simply change their beliefs
(the most pragmatic ones)

You go to the bar and drift away.

PEDIDO DE MANO

Tú que llevas en el cuerpo
una sombra de mujer
y hasta ríes con su risa
llévame

desacredítame.

ASKING FOR YOUR HAND

You, who carry in your body
the shadow of a woman
and even laugh with her laughter
carry me off

disgrace me now.

EN EL AUTOBÚS

Como no podíamos
decir
casi nada del amor
nos ocupamos en aprenderlo
con las manos.

ON THE BUS

Since we could scarcely say
a word of love
we devoted ourselves to learning it
with our own hands.

MELANCHOLY BAR

Tracy Chapman vela por ti
es el ángel que te procura consuelo
muriéndose.

MELANCHOLY BAR

Tracy Chapman watches over you
she is the angel striving to console you
as she dies.

PISTA DE BAILE

Aunque prefiera la danza Cheyenne,
el vals le va a Mr. Whitman.

Baila confiado en los brazos de Jack
su último camarada.

Sus pasos son naturales
sobre la brillante sala de baile.

DANCE FLOOR

Though he would prefer a Cheyenne dance
the waltz goes well for Mr. Whitman.

He dances peacefully in Jack's arms,
his final comrade.

His steps are natural
gliding the gleaming barroom floor.

TRAPICHE

He puesto allí sobre tus piedras
la rama de mi amor
para que la vuelvas a la espuma

THE MILL

I have placed there on your stones
the branch of my love
for you to turn it back to foam

CABALLOS

Las patas de los caballos
dan vueltas y vueltas
sobre el lodazal de la molienda
vueltas y vueltas
como en mi cabeza
tu ausencia

HORSES

The horses' legs
go round and round
the mud around the mill
round and round
like your absence
in my head

LA MISIÓN

Abalorios que jugaban con nuestra suerte eran
nuestros dioses
(lo dedujimos antes de abandonarlos)

Pudrían nuestra comida

Quemaban el agua

Echaban abajo las palabras
(nuestras lenguas fueron condenadas al polvo)

Cada acto lo perseguían. Eran acuciosos.
Nos trataban como a contrabandistas

Llegaron a lacerar nuestros cuerpos con pestes
desconocidas
acabaron portándose como adolescentes
caprichosos cuando decidieron quemar la ciudad

Mas los escasos sobrevivientes levantaremos
Sodoma aquí, otra vez.

THE MISSION

Glass beads playing with our fate
were our gods
(we understood this and abandoned them)

Rotting our food

Burning our water

Crushing our words
(our tongues condemned to dust)

They pursued our acts. They were meticulous.
They treated us like smugglers

They lacerated our bodies with unknown
plagues
They ended up behaving like capricious
adolescents when they decided to burn the city down

But we, the few survivors, will raise our
Sodom here, once more.

FERNANDO BALSECA (Guayaquil, 1959)

Towards the end of the seventies, Ecuadorian readers were surprised to discover that a mere teenager had published scandalous short stories of love and sex. It was even more shocking because this young writer was a student at a very prestigious Catholic school. What Balseca had done with the short story he did again a few years later with poetry. His discourse was new, his attitude towards art and poetry fresh and irreverent, and his production of the highest quality. Balseca belonged to the group Sicoseo and was also a member of Donoso Pareja's workshop. After finishing his literary studies at the Catholic University of Guayaquil, he went on to graduate work in the United States. He is now a professor at the Universidad Andina of Quito.

BIBLIOGRAPHY

Short Stories: *Color de hormiga* (Guayaquil, 1976). Poetry: *Cuchillería del fanfarrón* (Guayaquil, 1981), *Sol, abajo y frío* (México, 1985), *De nuevo sol, abajo y frío* (Quito, 1992), *A medio decir* (Quito, 2003).

INICIACIÓN DE LA SERIE PERDIDA

Y después de la humedad me llegas hasta adentro
me hundes en el mar de tu cintura
en la ola que asemeja el borde de tus cejas.
Me hundes.
Te participo
                    te miro
te noto un poco gorda pero siempre alegre
será la pizza que comimos debajo de los vientos.
Me ahogas
                    te sueltas como qué
                                        te sueltas
caminas corres
                    diviértete a mi espalda.
Me traicionas.
Te alianzas te unes me masticas.
Representas un pez y una ballena joven
el juguete que le hace falta a nuestro niño.
Te disfruto como una fruta
como un puerto
                    eres la muchacha agónica
y la cópula brutal que me atonta luego del ocaso.
Me duermes

INITIATION OF THE FORBIDDEN SERIES

And after all that moistness, you come into me
you engulf me in the sea of your loins
in the wave that looks like the edge of your eyebrows.
You engulf me.
I take part in you
          I look at you
I notice you're a little fat but always happy
could be the pizza that we ate beneath the winds.
You drown me
         you burst free and how
                     you burst free
you walk you run
         go have your fun behind my back.
You betray me.
You join with me, you stick to me, you nibble me away.
You are a fish, a young whale
the toy our child is missing.
I savor you like a fruit
like a haven
         you are the girl in agony
and the brutal coupling that left me dizzy just after sunset.
You drift me into sleep.

SUCESO SIN NOMBRE

El pedazo de cocodrilo que le habla a mi hermana
le dice palabras de vagancia en los veranos.
Mi hermana linda se las cree
le hace caso a todo y jugos de limón para hidratarse.
"Cuando me fui con él
                                    estuve a punto de morirme.
Los segundos resultaron tan conquistadores
que fuimos un solo asunto mediante un furioso beso".
Madre casi llora cuando ella se fue:
"Imagínate en días para recolectar
buenos vientos y el trigo arriba de los hombros".
Padre sintió un sudor y se fue a bañar.
A mí me ordenaron irme a la cocina a mirar la leche que no se derrame.
"Las primeras horas fueron una biblia para mí
yo gritaba con lirismo y emoción
puse una boca redonda para atrapar los besos volados de los hombres."
Ganas de tirarles piedras a los hongos.
"Y te juro mami que aquello fue divino:
Mi amado y yo en el acto y en la gran cama ovalada,
herencia de su madre".
Entonces amaneció el día del rescate.
Yo hermano de mi hermana
la devolvería a casa más linda que en navidad
no importaba cuántos años en la empresa
ni cuánto dinero ni sobornos ni días trasnochados
peor cuántos cigarros dejara en los caminos.
Tardaron demasiado los lustros del evento:
hermano fue casi olvidado tantos siglos ha
tantas lunas con sequía en nuestro huerto.
Padre cogió rifle y soga
se armó de barómetros y relojes para no equivocar la ruta
porque no había tiempo que perder.

NAMELESS EVENT

This little piece of crocodile talking to my sister
whispers words of summer idleness.
My lovely sister believes them
she heeds his every word, making lemon juice to keep herself hydrated.
"When I went off with him
                                        I could've died.
Seconds turned to conquerors
and we became a single being in one ferocious kiss."
Mother almost cried when she went off:
"Imagine yourself at harvest time,
a good wind and the wheat more than shoulder high.
Father felt sweaty and went to take a bath.
They sent me to the kitchen to make sure the milk wouldn't spill.
"For me, the first hours were a bible
I was screaming lyrically, with feeling,
pursing my lips to catch the flying kisses of the men."
Eager to throw stones at mushrooms.
And I swear to you Mom, it was all heavenly:
Me and my lover in the act there on the big oval bed,
inherited from his mother."
And then the day of rescue dawned.
I, brother of my sister,
would bring her home more beautiful than at Christmas.
It didn't matter how many years it would take
or how much money, or bribes, or sleepless nights,
worse, how many cigarettes left in the streets.
The decades took their time:
brother was almost forgotten, after so many centuries
so many moons of drought in our orchard.
So Father took his rifle and a rope
armed himself with barometers and watches in order not to lose his way
because now there wasn't any time to waste.

NI SE LE VE EL COMIENZO NI EL FIN SE LE VISLUMBRA

Escribo para dejar de ser, para hacer un solo camino con los vericuetos de tus rizos más hirsutos. Escribo porque no te tengo. La ausencia es mi convocatoria. El eco no regresa, lo que queda es el aire en el silencio.

La literatura embriaga como el pachulí despedido de tu cintura. Las letras son el recuerdo de un bálsamo cuyo sustento químico no es posible. Aunque mis poemas llevan tu nombre, la literatura es el verdadero registro de lo que no sucedió.

Quiero decirlo todo, hacer de mi cuerpo una faringe que hable, sostener rijoso una conversación completamente desnudo. Para hablar como se debe hay que dejar de ser y solamente estar en la dirección que avanzan las palabras. Para hablar es preciso recortarse.

Cada curva de uno acomoda el cuerpo del otro. Todas las posiciones están adecuadas y no hay modo de estar juntos y a la vez incómodos. Hay una entrega de nuestros cuerpos para sabernos acoplados. Los cuerpos son el sueño donde finaliza el viaje de nuestras palabras.

Me acerco a ti, al mar de donado bien, y me iluminas. La poesía es el perfecto acontecimiento para desaparecer.

ONE CAN NEITHER SEE THE BEGINNING
NOR DISCERN THE END

I write in order not to be, to take a single path through the rubble of your thickest crispy hair. I write because I do not have you. Absence is what summons me. The echo does not come again, what remains is air in silence.

Literature intoxicates like the patchouli radiating from your waist. Letters are the memory of a balm whose chemical composition is beyond the possible. Even though my poems bear your name, literature is the truthful record of what has never happened.

I want to tell you everything, make of my body a pharynx that talks, sustain aroused a completely naked conversation. To speak the way one should, one has to stop existing and simply be in the direction where the words are going. To speak one has to cut oneself short.

Each curve of one accommodates the body of the other. All positions fit and there is no way to be together and yet uncomfortable. To know ourselves coupled we must give up our bodies. Bodies are the dream in which the journey of our words completes itself.

I approach you, sea of given good, and you give me light. Poetry is the perfect occurrence, a way of vanishing.

LA COSECHA DEL HOMBRE EN ESTE HOGAR DE PASO

Para Diego

Qué te quiero decir, joven brioso que corres hacia la colina.
No estuve a tu lado en el arduo aprendizaje de la bicicleta,
el equilibrio de una primera prueba de validación de la existencia,
la cicatriz que te dice de aquellos tiempos de saltos al vacío,
estaba en otros rumbos pero siempre mi corazón conectado,
también mi cuerpo con la pulsera de mano que compartimos,
no estuve en tu primera comunión ni en el primer sueño con muchachas,
anduve navegando aguas incluso desconocidas para mí,
llevándote como proa que roza el arrecife y no se destruye.
No participé tampoco de la primera erosión de la materia
pero sé de ti como sabe la sangre de otra sangre conocida.
Estaba fabricando un secreto que ahora debo transmitírtelo,
una decisión que corre desde hace siglos por la piel de los hombres.
Yo percibí tu emoción en la primera letra, en el dibujo de contornos difusos,
visité al médico para hacerle preguntas sobre tu crecimiento,
pero no fue necesario porque me descubriste una isla distinta
aquel día abierto de preguntas y plagado de miradas sin respuestas.

Para Irene

Cuídate del cangrejo, niña,
no del sabroso animal que corre de lado por la playa,
guárdate de aquel que asecha en lo profundo de la sangre
incrustado entre la información genética,
poseso de muchos cromosomas delirantes, loco.

MAN'S HARVEST IN A HOME OF PASSAGE

For Diego

What should I say to you, youngster filled with life, running up the hill.
I wasn't by your side for the arduous task of learning to ride a bike,
to balance, that first proof of your right to exist,
the scar that speaks to you of times when you fell into the void.
I was off on other paths but my heart was always in touch,
also my body and those paired bracelets that we share,
I was not there for your first communion or your first dreams of girls,
I was navigating waters unknown even to me,
taking you with me like the prow that grazes the reef and yet is not destroyed.
Nor was I present when your world first crumbled
but I know you the way blood knows another's blood.
I was creating a secret that now I must pass on to you,
a decision that for centuries has been flowing in the flesh of man.
I imagined your emotion writing that first letter, drawing those first vague shapes,
I visited the doctor to ask questions about your growth,
but it was not necessary for you revealed to me a distinct island
that day opening on questions and filled with unanswered looks.

For Irene

Beware the crab, my little girl,
not the tasty creature running sideways on the beach,
protect yourself from the one that lies in wait in the depths of the blood
embedded in genetic information,
possessed by crazed, delirious chromosomes.

Cuídate del crustáceo, niña,
la tía puede precisar la información si así lo quieres,
ella envía constantes señales en emisión desesperada por la vida,
hay que estar alerta con las colorantes, con el humo de plomo del aire,
debes verter siempre sangre fresca en tu organismo.
Cuídate de las sombras y de la mala cuadratura de los astros,
protégete de emulsiones innecesarias, de la radiación de todos los días.
Una vez de niño vi escaparse los cangrejos de la olla de mi madre,
desde entonces el crustáceo ronda volviendo de un tiempo sin coloratura,
no le des la espalda ni el costado al animal de 8 patas, araña dura de mar,
cómetelo sazonado con coco o con un poco de ajo,
aprende a distinguir el caparazón bueno del malo, retira sus pulmones,
degústalo si quieres pero jamás te pases con la sal,
pregunta al médico qué es eso de la herencia y de la malformación,
hiérelo ya de muerte, derrótalo, y si quieres vuélvelo al hoyo,
sácalo corriendo como al espanto que jamás debe llegarte.

Take care, my little girl, with that armed creature,
your aunt can give you all the information if you want,
she sends out endless signals, emissions desperate for life,
you have to be alert to additives, to lead fumes in the air,
and you should always be refreshing the blood in your organism.
Watch out for shadows and unpropitious configurations of the stars,
protect yourself from unnecessary lotions, from our daily dose of radiation.
Once, as a child, I saw the crabs escape from my mother's pot,
since then the creature has been making its rounds, returning from a
    time without color,
don't turn your back or even your side to the animal of eight legs,
    armored spider of the sea,
eat him seasoned with coconut or with a bit of garlic,
learn to distinguish the good shell from the bad, throw away the gills,
try it if you like, but never with too much salt,
ask the doctor what heredity and malignancy is all about,
beat it to death, rub it out, or if you like return it to its hole,
or send it packing like the dread that mustn't ever touch you.

EDWIN MADRID (Quito, 1961)

Cultural activist and prolific writer, Madrid has become one of the internationally recognized offspring of the famous Donoso Pareja literary workshop. He has served as literary editor at the Casa de la Cultura de Quito and is a long-time cultural journalist. His awards include the National Award for Young Poets "Djenana" (1989), the National Award of Ecuadorian Writers of the 90s, and the Poetry Award from the Casa de América in Spain (2004). He was Director of Literary Workshops at the Casa de la Cultura, editor of the *Revista de Literatura Hispanoamérica* and editor of the *Collection of Poetry* published by Ediciones de Línea.

BIBLIOGRAPHY

Poetry: *!Oh! muerte de pequeños senos de oro* (Quito, 1987), *Enamorado de un fantasma* (Quito, 1991), *Celebriedad* (Quito, 1992), *Caballos e iguanas* (Quito, 1993), *Tambor sagrado y otros poemas* (Quito, 1995), *La tentación del otro* (Quito, 1995), *Puertas abiertas* (Quito, 2000). *Anthologies: Poesía viva* (Bogotá, 1993), *La joven poesía hispanoamericana* (Buenos Aires, 1995), *Antología de la poesía latinoamericana: el turno a la transición* (México, 1997), *Memorias II Festival de Poesía Eskeletra '98* (Quito, 1998).

ACEPTO MI MUERTE

Sin duda hay otro mundo
  donde un alma adolorida
me espera
  esto lo presiento cada vez que
concurro al campo santo. El aire va
poblándose de cierto tipo de energía,
algunas personas enlutadas
  lloran sin parar, otras
maldicen a la muerte, ciertamente la
impotencia invade los corazones buenos.
A veces, dejo escapar una
  que otra lágrima
no porque el muerto sea un
  familiar o amigo cercano, sino
porque sé que es a mí a quien entierran,
no necesito estar en el ataúd para
que me sepulten y pongan flores.
Estos sepelios a los que asisto
  son corresponsales de
  mi propia muerte,
rituales a los que de alguna manera
me preparan para ese día o esa noche.
Yo acepto mi muerte como la
de cualquier infelíz
al que he acompañado en su traslado.

I ACCEPT MY DEATH

Without a doubt there is another world
   where a soul in pain
awaits me.
   I sense this every time
I show up at the cemetery. The air gathers
a kind of energy,
some people dressed in mourning
   cry endlessly, others
curse death, surely
helplessness invades the better hearts.
Sometimes, I let a tear
   or two emerge
not because the dead one is a
   relative or close friend, but rather
because I know it's me they're burying,
I don't have to be in the coffin for
them to bury me and place their flowers round.
Those funerals that I attend
   are correspondents
   covering my own death,
rituals that in some way
prepare me for that day or night.
I accept my death like that
of any miserable soul
whom I've accompanied through his transfer.

DELICIAS DE LA NOCHE

Viví así una temporada de cruda actividad
hasta que una crisis de nervios me llevó
al manicomio; allí, experimenté, con los
locos, torturas más sutiles y crueles. Sin
embargo, no he logrado aplacar mi perversidad
y ahora he llegado a la
urbe de siniestros símbolos que me acoge
como a un espectro más.

DELIGHTS OF THE NIGHT

I lived like this for a period of crude activity
until a nervous breakdown brought me
to the asylum; there I experienced, with the
lunatics, more subtle tortures and more cruel. However,
I have not managed to pacify my perversity
and now I have arrived at the
city of sinister symbols that welcomes me
like one more ghost.

LAS PALABRAS

Las palabras traicionan al
menor movimiento de los labios,
es mejor guardarlas en el
corazón y en la cabeza,
aunque allí puedan tramar
las cosas más disímiles
que un hombre alcanza a pensar.
Sé que debo permanecer con la boca cerrada
para que no salgan como puñales
hiriendo de muerte a la persona que amo.
Cómo ordenar letra por letra para que de cada
palabra aflore la luz que encierra.

WORDS

Words betray you at
the slightest movement of the lips,
better to keep them in one's
heart and head,
though even there they can cook up
the most varied plots
a man could possibly concoct.
I know I should keep my mouth shut
so they won't come out like daggers
wounding unto death the person that I love.
How to make order letter by letter so that from every
word the light penned in will blossom forth.

PELIGROSO COMO LA MUERTE

Tú serás mi secreto,
el más noble y bello,
agua alegre
desbocándose por los recodos de
mi piel.
Alegría y condena
de un cuerpo voluptuoso,
insaciable de sueños.
Mar abierto
en el que naufragarán
penas y lujurias,
el amor mismo
como símbolo de vida.
Maravilloso escondite
en el que me refugio
escapando del tedio y la amargura.
Fuente del goce
peligrosa como la muerte misma,
a la que llego sin temor
y me desvisto para hundirme
en sus locas y peligrosas aguas
que amo como un condenado,
sin el remordimiento
ni la desdicha,
tan sólo con la esperanza
de haber vivido en la verdad
y la pasión.

AS DANGEROUS AS DEATH

You will be my secret,
the most noble and beautiful,
happy water
flowing through my twisting,
turning flesh.
Joy and damnation
of a voluptuous body,
insatiable as a dream.
Open sea
in which
lust and sorrow have their wreck,
and love itself,
symbol of life.
Marvelous hiding place
where I take refuge
to escape from tedium and bitterness.
Fountain of pleasure
as dangerous as death itself,
to which I fearless come
and where I strip away my clothes to drown
in its demented and dangerous waters
which I love like one condemned,
without remorse
or dejection,
but simply with the hope
of having lived in truth
and passion.

HISTORIA

Un hombre, relativamente joven,
sentado en una banca de piedra,
una banca ordinaria,
al lado de una muchacha dulce
piensa que el hombre es
de piedra,
la muchacha se levanta y
se marcha dulcemente,
el hombre ordinario
mira cómo, relativamente, la
muchacha se pierde.
En esta ciudad es historia de amantes
quedarse sentado en la banca mirando
cómo la mujer de piedra se marcha dulcemente.

STORY

A man, relatively young,
seated on a stone bench,
an ordinary bench,
next to a sweet girl
who thinks the man is made
of stone,
the girl gets up and
sweetly walks away,
the ordinary man
watches how, relatively, the
girl is getting lost.
In this city a story of lovers
seated on a bench watching
how the woman of stone sweetly walks away.

ASÍ ESTÁ ESCRITO

La pasión es el arrebato que
se considera junto al amor.
Los crímenes más horrendos son en su nombre.
Ella proporciona placer a los actos humanos;
un artista que no sienta esto por lo
que hace es un cadáver pudriéndose.
No se puede vivir sin pasión,
mata a tu padre y
haz el amor con tu madre. Pero
con pasión también podemos
construir el cielo
aquí en la tierra.
Caín mató a su hermano.
Cristo quiso salvar al mundo.
Así está escrito.

THUS IS IT WRITTEN

Passion is the outburst one
must consider along with love.
The most horrendous crimes are committed in its name.
It apportions pleasure to human acts;
an artist who doesn't feel this for
what he does is a putrefying corpse.
One cannot live without passion:
kill your father
fuck your mother. But
with passion we can also
make a heaven
here on earth.
Cain killed his brother.
Christ died to save the world.
Thus is it written.

NO EXISTEN OTROS CAMINOS

Los hombres son indefensos en el
amor
el placer confunde el
sentimiento;
mientras transcurre el acto
sexual,
los pensamientos se desatan,
como flores
que se abren a la luz del sol,
animalitos corriendo a esconderse
de la cacería. Una
ola de pensamientos envuelve la
habitación.
No es de extrañar que
hombre y mujer murmuren y
jadeen
palabras llenas de ilusión.
Por eso los amantes prefieren
hacerlo a puerta cerrada, pues
sus gritos son
desaforados, como
queriendo espantar el encanto
de los cuerpos
el placer
es muerte y resurrección,
el signo del
verbo hecho carne. Se
ama cuanto es de amar, pero
también lo que no se puede amar, único
camino de llegar a la luz o a la
sombra.

THERE ARE NO OTHER ROADS

Men are helpless in
love
pleasure confuses
feelings;
while the sexual act
is occurring,
thoughts unfold
like flowers
opening to the light of the sun,
little animals running to hide
from the hunt. A
wave of thoughts envelops the
room.
It isn't strange that
man and woman murmur and
gasp
words filled with illusion.
That's why lovers prefer
to do it with the door closed, since
their cries are
deafening, as if
hoping to scare away the spell
on their bodies.
Pleasure
is death and resurrection,
the sign of the
word made flesh. One
loves all there is to love, but
also what one shouldn't love, the only
path to reaching light or
shadow.

Lucifer o Lilith, no existen otros
caminos. Preferible
morir entre las piernas de una mujer
que ir a los cielos
de mensajero de los santos. El
poder o la
voz de los dioses no se
compara
a la tentación de la carne. Come
del fruto prohibido, no por
desafiar a los dioses, sino para
propiciar el juego más
terrible que jamás ellos
imaginaron.

Lucifer or Lilith, no other paths
exist. It is better to
die between the legs of a woman
than go to heaven
as a messenger to the saints. The
power or the
voice of the gods cannot
compare
to the temptation of the flesh. Eat
of the forbidden fruit, not to
defy the gods, but rather to
propitiate a game
more terrible than they
could ever imagine.

SIOMARA ESPAÑA (Alejo Lascano, Manabí, 1976) comes from a coastal region famous for its beaches and its jungle-covered hills. Her poetry has strong confessional and erotic strains, but her sensuality is accompanied by and plays off against the shadow of a serious fascination with death. Her first book, *Concupiscence*, is the source of the first three poems included in this selection. The others are drawn from her most recent collection, *The Return of Lolita*. Her work has appeared in *Bitter Oleander* and in *Per Contra* (online magazine).

BIBLIOGRAPHY

Poetry: *Concupiscencia* (Guayaquil, 2007), *Alivio Demente* (Quito, 2008). Anthologies: *Antología del Humor Alianza Francesa de Guayaquil* (Guayaquil, 2008), *Antología 20 poetas del siglo XXI* (México, 2008), *Antología Poética Ileana Espinel* (Guayaquil, 2008).

BOTONES

Tu cuerpo incandescente me persigue
como perro a la espalda de mi abismo,
pero sólo es el fantasma de tu carne
que devoré a prisa cantando con cinismo.

Adherido estás, adherido indiferente,
¿que será de las tardes sin recato?
tardes de concupiscencia y disparate
tardes rojas, tardes de arrebato.

Sólo quedan guardados los botones
en la caja azul de hechicería,
y desde entonces, tu foto sin la mía,
me sonríe y me ladra todavía.

BUTTONS

Your body, incandescent, follows me,
like a dog turning its back on my abyss,
but it is just the phantom of your flesh
I gobbled down with acid verse like this.

You're stuck, though quite indifferent, you are stuck,
what will happen to those shameless afternoons?
Afternoons of silliness and concupiscence,
red afternoons of rapture in red rooms.

Only those buttons now remain with me,
in the blue box of sorceries and spells,
and ever since, your photo without mine,
has smiled back at me and barked, as well.

CENIZAS

Quemo las botas,
el abrigo, la camisa.
Guardando entre cristales
tus locuras
para llevarlas hasta el mar
con la premura
con que habitaste mi piel
sobre la arena.
Hacia el mar tus desvaríos,
dejo...corro...
Para borrar las huellas,
para borrar las risas,
para ahogar las palabras
de ese rojo verano
cuando cargados de sudor
nos invadió la prisa.

ASHES

I burn the boots,
the coat, the shirt.
Keeping among crystals
your craziness
to bring it to the sea
with the same rush
as when you dwelt within my flesh
upon the sand.
To the sea with your deliriums,
I surrender them...I run...
to erase the footprints,
to erase the laughter,
to drown the words
of that scarlet summer
when bathed in sweat
urgency invaded us.

LA MUJER DEL MIÉRCOLES

Cuántas veces la mujer del miércoles
desdobla el rostro,
lava sus pies
y camina sobre sus palabras.
Cuántas veces recorre los mismos caminos,
transita las mismas calles,
ve los mismos semáforos,
observa los mismos mendigos,
sube las mismas nubes,
busca la misma cama.
Cuántas veces la mujer del miércoles
busca la boca de su amante,
se estremece entre sus brazos,
grita de amor desesperada
y llora entre silencios sus palabras.
Cuántas veces la mujer del miércoles
quiere abandonar su pasión
olvidar sus sueños
y seguir atada.
Cuántas veces ríe y canta
y otras tantas llora enamorada.
Cuántas veces la mujer del miércoles
tiene que amarrarse el alma,
vivir el delirio, la locura
y caminar sobre lo dicho,
caminar sobre sus palabras.

WEDNESDAY'S WOMAN

How often does the Wednesday woman
unfold her face,
wash her feet
and walk again upon her words.
How often does she follow the same old path,
wander down the same old streets,
see the same traffic lights,
consider the same beggars,
climb the same clouds,
seek out the same bed.
How often does the Wednesday woman
look for the mouth of her lover,
tremble in his arms,
and desperate cry out her love
and sob her words in silence.
How often does the Wednesday woman
want to flee her passion
forget her dreams
and simply stay tied down.
How often does she laugh and sing,
how many tears of love.
How often does the Wednesday woman
have to tie tight her soul,
live her delirium and madness,
and walk again on what's been said,
walk again upon her words?

DE EL REGRESO DE LOLITA

I
Yo soy Lolita.
Así los lobos esteparios
me desenreden
las trenzas con sus dientes,
y me lancen
caramelos de cianuro y goma.
Intuí mi nombre aquel día del puerto
con los náufragos
¿recuerdas?
Y aquel combate
con Vladimir, el implacable.
Sé que soy Lolita,
lo supe cuando me entregó
sus manos laceradas de escribirme.

II
Por eso cuando apareciste suplicante
a contarme tus temores,
te dejé tocarme,
morder mis brazos y rodillas,
te dejé mutilar entre mis piernas
los temores de Charlotte.
Sabía que tu vieja espada
cortaría una a una mis venas,
mis pupilas,
y me burlé cien veces
de tu estupidez de niño viejo
llorando entre mi vientre.
Y cuando todos los náufragos del mundo
volvieron a mi puerto

FROM THE RETURN OF LOLITA

I
I am Lolita.
And even so the steppenwolves
undo my braids
with their teeth,
and throw me
chewy caramels of cyanide.
I sensed my name that day at the port,
the shipwrecked returned,
remember?
And that battle
with Vladimir, the implacable.
I know that I'm Lolita,
I knew it when he gave me
his hands lacerated from writing me.

II
That's why when you appeared, supplicant,
telling me your fears,
I let you touch me,
bite my arms and knees,
I let you mutilate between my legs
Charlotte's fears.
I knew your old sword
could open one by one my veins,
and cut across my pupils,
and I mocked a hundred times
your aged child's stupidity
crying there within my womb.
And when all the shipwrecked of the world
returned to my port

a entregarme dádivas
que yo pagaba, con calostro y carne
tú saltaste tras mi sombra,
mientras yo huía, mientras yo bailaba.
Por eso soy Lolita,
la nínfula de moteles y anagramas
que vuelve con la maleta al hombro
a retomar tras años el pasado.

to give me gifts
I paid for with colostrum and with flesh,
you leapt upon my shadow,
as I fled and as I danced.
That's why I'm Lolita,
nymphet of motels and anagrams,
returning with her baggage on her shoulder
to reclaim across the years the past.

PARA LLORAR

I
Estoy haciendo todos los duelos a esta muerte:
corto mis uñas,
mi cabello,
cuelgo una manta en tu retrato
y voy dibujando espacios,
ensangrentando tardes,
disfrazando fantasmas,
esquinas inconscientes
de laberintos y bares,
mientras manos anacoretas
emparedan los rincones.

Con los ojos vendados,
diagramados,
oxidados,
lapidados de salitre,
emprendo los duelos pertinentes.

II
Debo liquidar
la hecatombe de la almohada,
de la espalda,
del derecho y del revés.
Porque cuando me recupere de los golpes
contra puertas,
ventanas y escaleras,
entregaré a Abraham,
a Isaac, y a todos los profetas
los sacos de cenizas,
donde guardé el duelo de esta muerte.

MOURNING

I

I mourn this death with all the rituals:
I cut my nails,
then my hair,
I drape a shawl around your portrait
and begin to sketch out spaces,
stain afternoons with blood,
and dress up ghosts,
unconscious corners
of labyrinths and bars,
while recluse hands
wall off the corners.

With eyes blindfolded,
diagrammed,
rusted,
corroded by niter,
I undertake the fitting acts of mourning.

II

I must annihilate
the catastrophe of the pillow,
of the back,
of the right side and of inside out.
For when I recover from the blows
against doors,
windows and stairs,
I will give to Abraham,
to Isaac, and to all the prophets
these sacks of ashes,
where I have kept my mourning of this death.

TRES POEMAS SIN TÍTULO

I
Estoy aquí sentada
tramando mi partida,
como la última lámpara de la calle,
arruinada y ciega,
tras el parto de los grillos de diciembre.

II
Es aún de noche,
los niños duermen
mientras los perros
deliran en los huesos del infierno.
Guardo los últimos fanales de los gatos,
los fantasmas - alfileres de la carne-,
los payasos que me acosan
desde el primer intento en el tejado,
ahora ríen complacidos,
me verán partir de veras.

III
Estoy tomando las postreras precauciones,
un somnífero infalible,
el detonante de cajones,
las cuerdas bicolores
y me marcho pabloviana
para que nadie me llore sus reproches.

THREE UNTITLED POEMS

I
I am seated here
plotting my departure,
like the last lamp on the street,
ruined and blind,
after the hatching of the crickets of December.

II
It is still night,
the children are asleep
while the dogs
hallucinate the bones of hell.
I still can see the cats' last blazing stare,
and specters—pins in my flesh—,
and those clowns who have pursued me
since that first attempt on the roof,
laughing now complacently,
watching as I leave for good.

III
I am taking final precautions,
an infallible sleeping pill,
explosives in a box,
a rope of braided colors,
and, Pavlova-like, I glide away,
so no one can reproach me with their tears.

LA CASA VACÍA

No invites a nadie
a nuestra casa,
pues repararán en
puertas, paredes, escaleras
y ventanas,
mirarán la polilla en
los rincones,
los cerrojos oxidados,
las lámparas ciegas, arruinadas.
No traigas a nadie a nuestra casa
pues no tendrán más
que angustia de tu mesa,
de tu cama, del mantel,
del mobiliario, se reirán
de pena por las tazas, fingirán
nostalgia de mi nombre,
y reirán también de nuestra hamaca.
No traigas más gente a nuestra casa
pues te escribirán canciones,
te entusiasmarán el alma,
te susurrarán traviesos,
sembrarán una flor en tu ventana.

Por eso no debes, te lo ruego,
traer más gente a nuestra casa
pues se pondrán rosados,
verdosos, rojizos o azulados,
al descubrir paredes rotas
las plantas marchitadas.

THE EMPTY HOUSE

Invite no one
to our house,
for they will scrutinize our
doors, walls, stairs
and windows,
gaze at the termites in the
corners,
the rusted locks,
the blind and ruined lamps.
Bring no one to our house,
for they would have nothing
but the anguish of your table,
your bed, the tablecloth,
the furniture, they would laugh
in pity at the cups, pretend
nostalgia for my name,
and they would mock as well our hammock.
Don't bring people to our house any more
for they would write you songs,
stir your soul,
whisper obliquely in your ear,
plant a flower on your window sill.

That's why, I beg of you, you mustn't
bring more people to our house,
for they would turn shades of pink,
green, red, or blue,
discovering broken walls
and withered plants.

Querrán barrer en los rincones
querrán abrir nuestras persianas
y encontrarán seguro entre mis libros
las excusas perversas que buscaban.

No traigas más nadie a nuestra casa,
así descubrirán nuestros absurdos
te llevarán lejos a otras playas
te contarán historias de naufragios
te sacarán a rastras de esta casa.

They would want to sweep the corners
open the blinds
and find safe among my books
the perverse excuses they are searching for.

Bring no one else into our house
for here they would discover our absurdities
and bring you far to other beaches
and tell you tales of shipwrecks
and against your will drag you from our home.

AUGUSTO RODRÍGUEZ (Guayaquil, 1979)
One of Ecuador's youngest writers, he has published four collections of poetry in the last seven years. His collection *Wild Animals* won the David Ledesma National Prize for Poetry in 2005. His collection *Shipwrecks* won the National University Prize for Poetry, also in 2005. His poetry has appeared in literary magazines in Mexico, Argentina, Peru, Spain, and Canada. Here in the United States, his work has appeared in *The Literary Review, Per Contra* (on-line), *Zoland Poetry*, and *The Evansville Review*. Rodriguez lived and studied in Chile for a decade and considers that country a key influence on his poetry. Along with being a major voice of the younger generation, Rodríguez has played a role in promoting cultural awareness in Ecuadorian high school readers as founder of the cultural club Buseta de Papel, which has had an enormous impact on the literary life of Guayaquil. He is the editor of the Guayaquilian literary magazine *El quirófano*. Four volumes of his work have appeared in Spain, and others have been published in Mexico, Uruguay, and Chile.

BIBLIOGRAPHY
Ausencia (1999), *Mientras ella mata mosquitos* (2004), *Animales salvajes* (2005), *La bestia que me habita* (2005).

SEÑOR FORASTERO

Aquí señor forastero
donde sus ojos ven
está mi país, su tierra y sus llantos.
Aquí señor forastero
estamos todos vivos y todos muertos
limpios de bolsillos
y gigantes de estómagos con hambre.
Aquí señor forastero
nos alcoholizamos los sábados
el domingo vamos a misa y a ver el fútbol.
Así somos nosotros, sinceros y claros como el agua.
Yo sé que para usted quizá no sea vida
pero así nos criaron desde pequeños
por favor, señor forastero,
no haga muecas ni escupa.
Si aquí, en esta tierra,
somos felices desde que nacemos.

MR. FOREIGNER

Here Mr. Foreigner,
right before your eyes,
is my country, its soil and its tears.
Here Mr. Foreigner
we are all alive and dead
with cleaned out pockets
and stomachs swollen gross with hunger.
Here Mr. Foreigner
we drown in alcohol on Saturdays
and Sundays go to Mass and watch a soccer game.
That's how we are, pure and clear as water.
I know for you this wouldn't be a life
but that's how we've been raised.
So, please, Mr. Foreigner,
don't grimace and don't spit
just because, here in this land,
we are happy as soon as we are born.

AMOR VAMPIREZCO

Nos gustaba vestir de luto
escuchar música new age
pintarnos las uñas y los labios de negro
ocultarnos en los rincones más oscuros
de los cines y otros antros
saborear nuestros cuellos
llevar cadenas y crucifijos al acto sexual
recorrer cuerpos de luna llena
dormir en cuevas
beber vino rojo
robar almas a pleno sol
llegar al límite de la innombrable oscuridad.

VAMPIRESQUE LOVE

We loved to dress in mourning
listen to new-age music
paint black our lips and nails
hide in the darkest corners
at the movies and in other dives
savor each other's necks
bring chains and crucifixes to the act of sex
caress bodies under a full moon
sleep in caves
drink red wine
plunder souls in broad daylight
and approach the limits of the unspeakable dark.

CUANDO REGRESO A MI HOGAR

Cuando regreso a mi hogar
veo casas destartaladas
gatos en las esquinas
basura en las calles
hombres ahorcados en sus propias corbatas
perros volando como pájaros
árboles filosofando con fantasmas
muertos creyéndose arcángeles
moscas engendrando cucarachas
hombres sobreviviendo.
Cuando regreso a mi hogar
la nostalgia se desvela
los recuerdos fluyen
y el abrazo de mi difunto padre
que animoso me pregunta:
¿Cómo estás hijo de mi esperanza?

WHEN I COME HOME

When I come home
I see ramshackle houses
cats on the corners
garbage in the streets
men hanging from their own ties
dogs flying like birds
trees philosophizing with ghosts
the dead thinking they are archangels
flies breeding cockroaches
men surviving.
When I come home
nostalgia cannot sleep
memories flood over me
and the embrace of my father, dead,
who warmly asks:
How are you, son of all my hopes?

TE ESCRIBIRÉ UN GRAFFITI

Te escribiré un graffiti
en tu puerta, pared o espalda
a la hora que todos duermen
hasta que las piedras griten
y se vuelvan armas
en la revolución del amor.

I'LL WRITE YOU SOME GRAFFITI

I'll write you some graffiti
on your door, your wall, your back,
when everyone's asleep
until the stones cry out
and turn to arms
in love's insurgency.

ALGUIEN GRITA EN LA NOCHE

Alguien perdió la llave
a medianoche en plena calle
grita para que alguien lo escuche
para que se apiaden de él y le abran la puerta
golpea, patea, lanza epítetos contra la madera
se sienta un rato en la vereda
solloza ese momento
se enloquece, se quita la ropa
desnudo corre por la calle
nadie lo ve
se ha vuelto imaginario
se trepa los árboles
ahora grita para que alguien lo escuche.
Yo estoy en su casa, durmiendo,
en mis pesadillas lo veo correr
su cuerpo desnudo se me asemeja
al de un fantasma.

SOMEONE CRIES OUT IN THE NIGHT

Someone has lost his key
at midnight in the middle of the street
he cries out so someone will hear him
so someone will take pity and open the door
he bangs, kicks, hurls insults at the wood
sits down on the sidewalk for a bit
begins to sob
goes crazy, tears off his clothes
and runs naked through the streets
no one sees him
he has grown imaginary
he climbs the trees
now he cries out so someone will hear him.
I am in his house, sleeping,
in my nightmares I see him running
his naked body seems to me
the body of a ghost.

SER DE CARNE Y HUESO

Este poema que escribo
me gustaría que nadie lo leyera
que sus palabras se fueran veloces
de este dormitorio caluroso
a recorrer la Tierra
países que nunca conocí y que nunca conoceré
mujeres simples de amor y sueños
muertos que nunca tuvieron sus estrellas
ángeles paridos por la nostalgia
hombres encadenados a sus vidas pasadas.
Este poema que escribo
sé que nunca acabará de escribirse
que será eterno y fugaz
entre los parientes y los desconocidos
me gustaría que nadie lo leyera
que se convirtiera en un ser de carne y hueso
y se fuera caminando por las calles.

FLESH AND BONE

This poem I'm writing
I'd rather no one read it
but that its words instead would fly
from this steaming room
to know the earth
the lands I've never known and never will
simple women of love and dreams
the dead that never had their stars
angels whelped by nostalgia
men chained to their past lives.
This poem I'm writing
I know will never be written to the end
—it will be eternal and fleeting
among relatives and strangers.
I'd rather no one read it
but that it turn instead to flesh and bone
and go off walking through the streets.

FIN DE AÑO

Se acaba el año
los monigotes arden
la gente quema sus máscaras
el cielo explota
los cohetes le atraviesan sus venas
la gente ríe o llora
o baila o calla
pero saben que en el fondo
algo de ellos se ha vuelto ceniza.

NEW YEAR'S EVE

The year is ending
the puppets are on fire
people are burning their masks
the sky explodes
fireworks shooting through its veins
people laugh or cry
dance or remain silent
but they know that deep down
something of them has turned to ash.

EN EL AEROPUERTO DE BARAJAS

La gente que llegaba de todo el mundo
hacía largas filas
un grupo de ecuatorianos estaban a un lado
sentados con caras funerarias
hasta que sonó un pito: era la orden de ingresar
a un tenebroso y estrecho cuarto
los llamaban de a uno como llamaban a la muerte
a los judíos en la época nazi
los revisaron de pies hasta el alma
fueron golpeados física y sicológicamente
lo último que supe es que los devolvían
como paquetes extraviados a su lugar de orígen,
a su Ecuador imaginario, a su Ecuador querido y lejano,
su país, que de seguro, no los espera.

BARAJAS AIRPORT

People come from all over the world
were standing in long lines
a group of Ecuadorians were to one side
seated with funereal faces
until a whistle blew: it was the signal to enter
a dark and narrow room
they called them one by one, as Jews were called
by Nazis to their death,
they searched them all from head to soul
they were beaten physically and psychologically
the last I knew they were sent back
like lost packages to their place of origin
their imaginary Ecuador, their loved and distant Ecuador,
their country that is surely not awaiting them.

MI PADRE

Mi padre murió en invierno
sólo sé que al fin descansó en la estrecha
cama de todos los días.
Ya no hay ruido, ni ceremonias,
ni pañuelos, ni rosas blancas.
Al fin, dije yo, descansó de las deudas,
de los vicios, de la burocracia.
Mi padre murió en una pequeña alcoba
donde sólo quedan remedios, jeringuillas,
alcohol, drogas,
sus manos frías, abiertas
y vacías que me tocan con ternura.
Unos ojos blancos y amarillos
inyectados de muerte.
Un cáncer que no silencia
su victoria de sangre, de carne,
de vejez inconclusa.
Todos los relojes dan la misma hora
y retroceden el tiempo,
cuando mi padre no era mi padre
y simplemente era un hombre
lleno de energía
que se abría paso ante esta vida.
Mi padre murió en una alcoba de hielo
y su cuerpo cada vez se adelgaza,
se empequeñece, se evapora,
se disuelve en el aire vacío de la nada,
la lámpara de la alcoba
juega con la materia de su piel.
Sus dientes amarillos
llenos de cáncer me sonríen

MY FATHER

My father died in winter
I only know that in the end he took his rest in the narrow
bed of all his days.
Now there is no noise, there are no ceremonies,
no handkerchiefs, no white roses.
In the end, I say, he took his rest from debts,
from vice, from bureaucracy.
My father died in a small room
where nothing remained but medicines, syringes,
alcohol, drugs,
his cold hands, open
and empty, that touched me with tenderness.
Eyes white and yellow
infected with death-shot eyes.
A cancer that did not silence
its victory over blood, flesh,
inconclusive old age.
All the clocks said the same thing
and turned back time,
to when my father was not my father
and was simply a man
filled with energy
who opened a path into this life.
My father died in a small room of ice
and his body got thinner and thinner,
grew smaller, evaporated,
dissolved into the empty air of nothingness,
the light of the room
played with the substance of his skin.
His yellow teeth
filled with cancer smiled at me

temblando de miedo
yo le sonrío
aunque de a poco
se convierta en polvo fugaz.
Mi padre murió en invierno
solo sé que al fin descansó en la estrecha
cama de todos los días.

and I smiled at him,
trembling in fear,
though bit by bit
he was turning to fleeting dust
My father died in winter
I only know that in the end he took his rest in the narrow
bed of all his days.

ANA MINGA, born in the distant southern town of Loja in 1983, won a major poetry prize from the Fine Arts Museum of Quito while still in her teens. Then, in 2003, she won first prize from the Universidad Central of Ecuador for her collection *Pandemonium*. She went on to win the University's Silver Medal for poetry in 2006. These poems are all taken from her recent volume *A espaldas de dios*. Her work has appeared in *Asheville Review, Bitter Oleander,* and *Per Contra* (an on-line magazine).

DE PERROS DE TABACO

I

Los perros de la calle no creemos en ángeles de la guarda
nos persigue el pecado de ser sobrevivientes
con kilos de tos en la garganta
somos fieles hasta en la muerte.

Mordemos zapatos desconocidos
desde el diente amarillo nos sale hambre.
Algunas veces damos pena
se compadecen
en el mercado nos dan un pellejo
y con un poco de suerte
una mirada
pero nada más
pues les asusta nuestra inocencia.

Sabemos bien quiénes son nuestros castigadores
pero no los mordemos
porque dejaríamos de ser perros buenos
nos convertiríamos en perros con rabia
perfectos terroristas vagamundos
para una eliminación con excusas.

Acudimos al parque
para hallar indicios de nuestra espera en la esquina
una huella de los colegas que solían descansar bajo los árboles
una huella del amigo que cuando aullaba
su pensamiento nos daba la vuelta en los huesos

FROM DOGS OF TOBACCO

I

Street dogs don't believe in guardian angels
the sin of being survivors follows us
with tons of coughing in our throats
we are faithful unto death.

We've been biting unknown shoes
since hunger emerged from its yellow tooth.
Sometimes they feel sorry
and they pity us
in the market they give us scraps
and with a bit of luck
they give a glance
but nothing more
for they are frightened by our innocence.

We know well enough the ones who punish us
but we don't bite them
because if we stop being good dogs
we will become rabid dogs
full-fledged terrorists vagabonds
perfect for justifiable elimination.

We gather in the park
to find traces of our waiting on the corner
a sign of fellows used to resting under the trees
a sign of a friend who when he howled
his thoughts would go round and round in our bones

siempre creímos que nos "aullaba su último minuto"
pues él como nosotros
no conoció abuelos
ni otros parientes
sólo el dolor que balbucea en las botellas de vino.

Aunque somos muchos los perros de la calle
cada cual transita con su horizonte
cada cual tiene su hueso atravesado en la garganta
cada cual muerde el silencio.

Escribimos sobre lo que nos pasa
pues de esa madera estamos hechos.

Buscamos lo que no existe
como humanos buscando señales de Dios
como perros ingenuos
creyendo que en la próxima calle
está el sol.

III

El Rompenucas volvía en la noche
sólo era la vida en un niño destartalado
pero ni pensar en hacer ruido
gritar
pedir auxilio
había que callar
correr a la oscuridad
ver la procesión de fantasmas
escuchar a una madre comer las vísceras de su hijo
sentir a un padre seudo alacrán regar tumores en el cerebro.

we always thought he had "howled his last" for us
because he like us
knew no grandparents
or other relatives
just the pain that babbles in bottles of wine.

Just the same we street dogs are important
each of us walks with his own horizon
each has his own bone stuck in his throat
each one gnaws his silence.

We write about what happens to us
for that's the stuff that we are made of.

We search for what does not exist
like humans seeking signs of God
like ingenuous dogs
who believe that on the next street
the sun is shining.

III

The Hangman came back in the night
it was just the life inside a worn out child
who didn't even think of making a sound
screaming
calling for help
he had to be silent
run toward the dark
watch the procession of ghosts
listen to his mother eat the innards of her son
feel his father half-scorpion scatter tumors in his brain.

Salir al campo
darle un trago al Rompenucas
olerse la tierra en las zanjas de las manos
mirarse la necedad de resistir
para que la soledad no esté tan triste
en la confusión de esta morgue que elimina a los archivos viejos.

IV
a mi madre

Me clama piedad
se levanta resistiendo la ausencia de alimento
intuye que quiero lanzar mi alma por el desagüe
sé que en cualquier momento va a morir
que no soy la que ella quisiera.

Hoy le he dicho
que todo su rostro se parece al de Frida Kahlo
(mira qué guapa)
pero aquí entre nos
el parecido no está sólo en el rostro
también son las bellas trenzas
y el vientre dañado
pues en este complot
yo puedo ser su hija
pero en otro
fui el feto perdido de Frida.

¡Reza! ¡reza por favor!
le grito
y ella reza a no sé quién para tener valor
mientras
esperamos que explote el veneno.

Go out in the field
give a drink to the Hangman
smell the earth in the furrows of its hands
gaze at the stupidity of resistance
so solitude will not be so sad
in the confusion of this morgue eliminating ancient archives.

IV
to my mother

She begs for mercy
gets up fighting the absence of food
senses that I want to throw my soul into the sewer
I know that any moment she is going to die
that I am not what she was hoping for.

Today I told her
that her face was just like Frida Kahlo's
(look how lovely)
but here between us
the similarity is not only in the face
but also in the lovely braids
and the cursed womb
for in this story
I can be her daughter
but in the other
I was Frida's lost embryo.

Pray! Please pray!
I cry out to her
and she prays I do not know to whom for courage
while
we wait for the poison to explode.

VI

Sólo cuando nos obligan a hablar
nos asomamos por ojos
la boca
las orejas
las manos.

Adentro somos cuervos
nadie escucha nuestro violín
las velas se apagan
en la lengua fluye desnudo un insecto
los pretextos se derrumban tras las columnas

nos hemos sacado la mirada.

VI

Only when they make us speak
do we begin to appear through eyes
mouths
ears
hands.

Within we are crows
no one hears our violin
the candles go out
naked an insect flows along my tongue
pretexts collapse behind the columns

we have torn our gaze out by the root.

TE HE SACRIFICADO

Te he sacrificado.
La ciudad está desinflada
dos pichones con alas harapientas rezan conmigo.

¡Dios! ¿Qué Dios está detrás de ti?
tus hijos respiran en mi estómago
me los comí de desesperación
al sentir que el espermatozoide
cruzaba los límites de la paciencia.

Perdón
te he sacrificado
como a todos los que se han acercado
mi culpa
es mi culpa
pero de qué me sirve
si el día de los espíritus muertos llega cada mes
y ellos me reclaman sus tumbas
quieren ponérselas
y yo
sólo puedo mirarme los ojos.

I HAVE SACRIFICED YOU

I have sacrificed you.
The city is gone flat
two pigeons with ragged wings pray with me.

God! What God stands behind you?
your children are breathing in my stomach
I ate them in desperation
feeling that the spermatozoid
was crossing the limits of my patience.

Forgive me
I have sacrificed you
as I have all those who have come close
my guilt
it is my guilt
but what good is it
if the day of the dead comes each month
and they reclaim from me their graves
they want to put them on
and I
can only stare into my eyes.

YO NO ESCRIBO PORQUE OTROS ESCRIBIERON ANTES

¡No!
escribo porque me tocaron horas raras
en las que uno presiente la muerte
el miedo
eso de quedarse invisible
y suicidarse frente al resto.
Horas en que sabes que naciste para Lucifer
y que como él has de tambalear por el mundo
luego del encuentro con el alcohol.

Yo no escribo porque otros escribieron antes de mí.
Escribo porque me enteré que estaba viva
y entonces fui al parque a ver a la gente pasar como palomas.

Escribo para mí
para el resto.
Escribo una denuncia
un reclamo
unas preguntas:
¿dónde está tu espalda?
¿dónde estamos...?

Escribo aunque sea sólo un existencialismo de esquina.

Escribo algo
porque uno también es el séptimo Juan sin Cielo
el lugar común
porque a uno también lo torturaron.
Dizque por Dios
a uno también le tocó ser un crucificado
una bruja –manzana perfecta- en la hoguera.

I DON'T WRITE BECAUSE OTHERS WROTE BEFORE

No!
I write because strange moments have touched me
when I have a presentiment of death
of fear
that business of growing invisible
and killing oneself in front of everyone.
Moments when you know that you were born for Lucifer
and that just like him you have to stagger through the world
after a meeting with alcohol.

I don't write because others have written before me.
I write because I came to see that I was alive
and so I went to the park to watch the people going by like pigeons.

I write for me
for all the others.
I write denunciations
a complaint
some questions:
where is your back?
where are we?

I write even if it's just street corner existentialism.

I write something
because we, too, are the hapless Sad Sack,
a common place
because we, too, have been beaten up.
Supposedly in the name of God
it's your turn to be crucified as well
a witch—a perfect apple—on the bonfire.

Escribo a mis plumajes
a las lunas que caían sobre la casa
al pasto donde por primera y última vez me arrodillé
a la noche más negra y larga.
Al viento que me anticipaba la danza de buitres
a la flor que hace tiempo murió
a la música que se acuesta a los pies de mi cama
a mi padre que fue un niño
a la pólvora que el tabaco me empujó a la una de la mañana
al grito de no me abandones
a la sangre que obstruye mis venas
a las manos que aullaron como perros sin dueño
al payaso que llora frente al espejo
al papel que en media alba sólo responde verdades
a la foto cuando uno todavía fingía inocencia
a todo lo que me permite alzar esta copa en las tinieblas.

Escribo
no porque otros hayan escrito antes
disculpen mi arrogancia
pero es cierto
yo escribo borracha
unas veces llorando de alegría
y otras gimiendo ceniza.

No escribo por humilde
ni mucho menos para liberarme de mis muertos
es decir de mis fantasmas
es decir de mis únicas compañías.
¡No!
Escribo porque detesto el olvido
porque no encuentro nada más que hacer en mi agenda:
cajón de ruidos.

I write to my plumage
to the moons that fall upon the house
to the pasture where for the first and last time I knelt down
to the deepest darkest night.
To the wind that heralded the dance of the vultures
to the flower that long ago died
to the music that lies at the foot of my bed
to my father who was once a child
to the gun powder that pushed me to smoke at one in the morning
to the cry of don't leave me
to the blood that clogs my veins
to the hands that howl like dogs without masters
to the clown who cries before the mirror
to the sheet of paper that in the midst of dawn only gives back truths
to the photo where one still pretended innocence
to all that lets me lift this cup in the dark.

I write
not because others have written before me
excuse my arrogance
but what's for sure
I write drunkenly
sometimes crying for joy
sometimes moaning ashes.

I don't write from humility
even less to free myself of my dead
that is to say of my only companions.
No!
I write because I detest oblivion
because I can't find anything else to do in my agenda:
that trunk full of noise.

PANDEMONIUM D

a mi padre

¿Sigues siendo puntual?
¿Sigues comiendo pan en las tardes?
¿Qué hiciste con tus pecas?
¿Hoy volviste a madrugar?
¿Te sigue doliendo el cuerpo?
¿Todavía te jode el salario?
¿Sigues muriendo cuando caminas?
¿Qué fue del perro?
¿Te gustó la limonada del almuerzo?
¿Todavía esperas la voz de tu hermano?
¿Cuántos subterráneos encuentras en ese libro?
¿Qué pasó con tu memoria?
¿Cambiaste de nombre?
¡Contesta por favor!
¿Qué haces aquí
con ese foco en el cuello
alumbrando esta calle?

PANDEMONIUM D

to my father

Are you still on time?
Are you still eating bread in the afternoon?
What have you done with your birthmarks?
Did you start getting up early again today?
Does your body still ache all over?
Do you still have that same old fucking salary?
Do you still feel like dying when you walk?
What happened to the dog?
Did you enjoy your lemonade at lunch?
Are you still waiting for your brother's voice?
How many labyrinths have you found in this book?
What's happening with your memory?
Have you changed your name?
Please answer!
What are you doing here
with that bulb in your neck
lighting up the street?

PANDEMONIUM E

Ahora entiendo a los perros
tener un hueso atravesado en la garganta
es cosa seria.
Dios no se puede imaginar
los huesos derramados
en este valle de egolatría.

Huesos anoréxicos por proyectos
algunos desnutridos por miedo
de caer en el gordo pecado de la gula
otros ya son fantasmas por mucha necesidad
amarillos de tanta espera
muertos por capricho en la hierba.

Duele hasta el hueso esta mala suerte...

El pensamiento se hace flaco
y menciona que el amor es duro de roer
es ahí cuando comprendo a los perros
un hueso atravesado
no te deja respirar
y el fastidio se hace mayor
cuando ese hueso es el tuyo
y astillado se esconde en la hora exacta.

PANDEMONIUM E

Now I understand dogs
to have a bone stuck in your throat
is a serious matter.
God himself couldn't imagine
the bones spilled
in this valley of self-idolatry.

Anorexic bones
emaciated by fear
of succumbing to the hefty sin of gluttony
other bones already ghosts from utter poverty
yellow from such long waiting
dead by caprice in the grass.

It aches to the very bone this evil destiny...

Thought grows thin
and remarks that love is hard to gnaw at
that's when I understand the dogs
that stuck bone
doesn't let you breathe
and the suffering is even greater
when that bone is yours
and splintered disappears just when I need it.

CAROLINA PATIÑO (Guayaquil, 1987-2007)
Carolina Patiño won first prize in the Buseta de papel poetry competition in Guayaquil in 2004. Her work has appeared in numerous anthologies, including *The Voice of Eros: Two Centuries of Erotic Poetry by Ecuadorian Women*. Her first book, *Trapped in Adam's Ribs*, is dedicated to her father and her lover, with the words "gracias por salvar mi vida." Within half a year she had ended her life, leaving behind poems that have appeared in the posthumous volume *Suicide Yourself*.

EL BUEN COMIENZO

Adán apenas entendía qué tenía que hacer cuando Dios dijo: "sean una sola carne". Él ya había tenido bastante trabajo poniéndole nombre a todo animal que veía, así que se recostó en los verdes pastos y dejó a la varona remojar su barbilla en un profundo y tierno beso de labios carnosos y saliva agridulce. Las espalda de Eva se arqueaba de tal forma que su boca colonizaba la entrepierna de Adán. El placer de su compañero fue tan intenso que en recíproca reacción decidió besarla a la francesa, con grandes dosis de mordidas. Finalmente un río los ahogó entre gemidos y ruidosos orgasmos.

THE GOOD BEGINNING

Adam only understood what he had to do when God said: "be one flesh." He had already had plenty of trouble giving names to all of the animals he saw, so now he reclined in green pastures and let the female soak his beard with a deep and tender kiss of fleshy lips and bittersweet saliva. Eve's back arched in such a way that her mouth took possession there between Adam's legs. The pleasure of her companion was so great that in return he decided to give her a French kiss, with a great deal of biting. And then they drowned in a river of moans and ringing orgasms.

LA ELISABET DE LA BIBLIA

La Elisabet de la Biblia me tiene realmente cansada con su marido
mudo y su embarazo avanzado. Ella no hablaba más que del milagro
de estar en cinta y de los ángeles que volaban por su casa perfecta.
Ay! menos mal que ya parió y se acabó tanto blablablá; excepto
por Zacarías que ahora la suplantó- por suerte lo tengo calladito-
besándome allá abajo.

ELIZABETH IN THE BIBLE

The Elizabeth in the Bible really bores me with her mute husband
and her advanced pregnancy. She spoke of nothing but the miracle of
being pregnant and of the angels flying about her perfect house. OK,
good she finally dropped the kid and ended all that blah blah blah;
except for Zacharias who now has supplanted her—luckily I can keep
him quiet—kissing me down there.

EL SECRETO

El secreto del árbol de las ciencias
y el temor de Dios de tener semejantes
se me escapó de la bífida lengua...
Tú sin más tomaste la manzana
y hasta a tu marido le brindaste.

THE SECRET

The secret of the tree of knowledge
and the fear of God at having beings like him
escaped from my forked tongue...
and so you went and took the apple
and even offered it to your mate.

MUÑECA DE PORCELANA

a Carmen Váscones

Suenan infernales campanas de escuela
y yo entre viva y muerta me tambaleo.
Mientras el reloj de arena rojo
aparece y desaparece
y mi terrible aragnofobia me reclama
creen que estoy rota,
pues lo estoy;
como esa muñeca de porcelana
a la que le arranqué los ojos.

PORCELAIN DOLL

For Carmen Váscones

School bells clang infernal
and I stagger about between life and death.
Meanwhile, the red sand hourglass
appears and disappears
and my terrific arachnophobia berates me,
they believe that I am broken,
so what if I am;
like this porcelain doll
whose eyes I've plucked out.

NO MÁS SANGRE

Tú no te acuerdas de mí pero yo sí
y ahora que despierto
puedo decir que creí en ti
pero ahora decido con qué soñar
ya no me cazan
ya no corre mi sangre en las noches.

NO MORE BLOOD

You don't remember me but I remember you
and now that I'm awake
I can say that I believed in you
but now I will decide of what to dream
no longer are they chasing me
no longer does my blood flow through the night.

EL RATICIDA QUE NO FUNCIONÓ

La mejor manera de morir
mostrarme con lágrimas
no fue buena idea
alguien me dijo que debí notar
que vendrías por más
vendo mi alma sólo por esconderme de ti
Mi abuelo ataca con sus ojos blancos
las teclas del piano púrpura
Mientras el lavado de estómago
y el bolsillo del doctor lleno de billetes
"me salvan la vida"

RAT POISON THAT DIDN'T WORK

The best way to die
presenting myself in tears
was not a good idea
someone told me I should have realized
that you would come back for more
I sell my soul only to hide myself from you
My grandfather attacks with his white eyes
the keys of the purple piano
while the pumping of the stomach
and the doctor's pocket full of cash
"save my life"

TRATANDO DE HUIR

He comenzado a justificarte una vez más.
Debo estar soñando
me heriste mientras casi no respiraba
es vergonzoso
me viste sangrar tratando de huir
y aún así jugabas a ser dios
mientras mis miedos se transformaban en esta realidad.
Partiste mi ternura
pero tarde descubrí
es nosotros o morir
no es lo que piensas está solo en tu cabeza
me dijiste una y otra vez
pero ahora que te veo desde este ataúd
no es tan difícil tenerte lástima.

TRYING TO FLEE

I've begun to make excuses for you once again.
I must be dreaming
you hurt me while I was scarcely breathing
it is shameful
you saw me bleed trying to flee
and even so you played at being god
while my fears
turned into this reality.
You broke in two my tenderness
I discovered too late
it's either us or death
it isn't what you think it's just in your head
you would tell me now and then
but now that I gaze at you from this coffin
it isn't so hard to feel sorry for you.

PSIQUIATRA

Mi padre ya me dio con quién hablar
mis pastillas cada día funcionan menos
y necesito que me atrapen más a menudo
en las recaídas.
Me acuesto en el suelo a llorar
y golpeo mi rostro más y más
para que se deforme a un punto inimaginable.

PSYCHIATRIST

My father's already given me someone to talk to
my pills are working less each day
and I need for them to grab me more and more
as I relapse.
I lie down on the floor to cry
and beat my face again and again
in order to reduce it
to an unimaginable dot.

LOCURA

Tu naturaleza perfecta no pudo engañarme esta vez
estoy armada con mis manos tristes;
tan tristes que no puedes tocarlas
gritarás al verme en este manicomio podrida en mí,
sin salida, sin ti...

MADNESS

This time your perfect nature can't deceive me
I am armed with my sad hands;
so sad you cannot touch them
you will scream at seeing me in this madhouse rotting from within,
with no escape, no you...

ADIÓS

Tan cansada de estar aquí
con todos estos miedos sin infancia
me voy sin perdurar
sin lograr que voltees por mí
sin lograr que enciendas la luz
sin lograr que abras tus ojos
el dolor tan limpio no sostendrá tu mano
demasiados espejos
descuelgan tambores en mi funeral.

GOOD-BYE

So tired of being here
with all these fears without a childhood
I'm going on but can't persist
nor can I manage your return to me
nor can I get you to turn on the light
nor can I force your eyes to open
Such spotless pain cannot support your hand
too many mirrors
taking drums down for my funeral.